La présente édition est une adaptation illustrée de *Transsibérie, le mythe sauvage,* paru aux Éditions Robert Laffont, Paris, 1992.

Taïga

ou le rêve Sibérien

Nicolas Vanier

Éditions de La Martinière

Caravane dans la taïga

Il fait – 55 °C. Une brume transparente flotte sur la rivière dont je devine au loin les rives abruptes. Les chiens s'enfoncent dans la neige profonde et leurs souffles se figent dans l'air glacé. Une multitude de flocons minuscules enveloppe l'attelage tout entier dont je ne distingue plus qu'un vague point mouvant, loin derrière, dans la piste que je trace en raquettes. Le silence est total, et il me semble que mon bâton frappant la glace pour en tester l'épaisseur produit un son énorme.

Soudain, à l'extérieur d'un virage, un craquement me glace d'épouvante. Le sol se dérobe sous mes raquettes et m'entraîne avec un large paquet de neige vers l'arrière. L'eau apparaît dans le trou comme un piège mortel dans lequel je glisse lentement sans pouvoir réagir. En un dixième de seconde, toute l'horreur de la situation m'apparaît claire et limpide comme l'eau gelée. La glace cède dans un rapide et l'eau hurle, cherchant à m'entraîner avec elle. J'ai envie de me laisser glisser dans ce trou qui m'appelle. L'eau semble chaude en comparaison du froid qui règne dehors. Pourquoi ressortir pour y aller mourir ?

Dans un dernier effort, par réflexe et par instinct, je réussis à passer ma jambe, puis la moitié du corps, par-dessus la glace. En agrippant un bloc, je parviens enfin à sortir. En rampant, je m'éloigne de quelques mètres du trou. Effort inutile, puérile tentative, car mes vêtements gorgés d'eau se sont déjà figés, durs comme du granit, me retenant contre la glace comme si des mains énormes m'avaient plaqué contre elle, m'interdisant le moindre mouvement.

Je n'ai même pas froid. Je suis bien. À part cette douleur tout au fond de ce qui me reste de conscience, car je sais que je vais mourir, que ma piste, telle celle d'un élan abattu d'une balle, s'arrête là, au bord de ce trou d'eau. Petite parcelle de vie dérisoire dans l'immensité de la taïga sibérienne paralysée par l'hiver.

– On arrive, regarde !

Alain me secoue pour me réveiller.

J'ouvre les yeux au moment où l'hélicoptère, un gros MI 8 de l'armée soviétique, vient de percer les nuages, grande masse cotonneuse que j'avais transformée en m'endormant en une immense surface de neige sur laquelle je traçais en raquettes une piste de rêve où m'attendait un cauchemar. Non, je suis bien vivant ! Je suis dans un hélicoptère qui me porte vers mon rêve : la Sibérie, la grande Sibérie sauvage.

La Sibérie que nous traverserons avec des chevaux, une barque, des chiens, des poneys, des rennes et des canots, en fonction des saisons, changeant d'attelages et d'équipages six fois en un an et demi.

– Ici, vous serez bien ! explique un Toflar.

En effet, la place est féerique. Que pourrions-nous rêver de mieux ?

La rivière Oka, transparente et joueuse, lèche la prairie parsemée de fleurs multicolores qui s'étend jusqu'à la forêt. Les chevaux paressent à l'ombre des grands arbres. C'est là que nous monterons notre tente de grosse toile, que nous installerons notre premier campement, notre première maison. Avec pour murs les montagnes aux

Invitation aux voyages

Nicolas Vanier et son organisation maintenant basée au Canada, en plein cœur des montagnes Rocheuses, invitent quelques groupes de deux à trois personnes à venir partager une expérience unique en traîneau à chiens. Guidée par d'anciens équipiers d'expédition à travers la Sibérie, le Canada ou la Laponie, l'organisation propose, après deux jours d'initiation, de vivre à la carte un raid authentique dans des vallées sauvages sur les pistes de Jack London.

Pour tout renseignement, contactez :
Agence Laïka à Paris. Tél : 01 42 89 32 64

Achevé d'imprimer en septembre 1998
sur les presses de l'imprimerie Fournier Artes Graficas, à Vitoria
Imprimé en Espagne
Dépôt légal : octobre 1998
ISBN : 2-7324-2453-6

crêtes enneigées, pour moquette l'herbe grasse, pour plafond le ciel d'un bleu uniforme et profond, pour porte cette majestueuse vallée que nous remonterons demain vers les alpages.

D'abord les chevaux. Ils sont superbes, musclés, forts et fiers dans leur robe d'été sur laquelle les taons et les moustiques semblent faire la fête. Volodia leur flatte l'encolure et Sacha vante leurs mérites respectifs.

Volodia sourit. Lui aussi se sent bien ici. Il ne dit rien, mais tout en lui trahit ses sentiments. Lui aussi aime la taïga, la vie sauvage. C'est pour cette raison qu'il a choisi le métier de géologue, effectuant depuis dix ans de multiples excursions dans la forêt. C'est pour cela aussi, pour cet amour de la vie sauvage, pour son expérience, pour la sympathie qu'il m'a inspirée dès notre première rencontre, que je lui ai proposé de voyager avec moi.

▲
De loin en loin quelques villages et aux environs de ceux-ci des alpages que l'on fauche pour récolter le foin.

C'était il y a huit mois. À l'occasion de l'un des innombrables voyages de reconnaissance que j'avais effectués en Sibérie, lui et ses amis m'avaient spontanément proposé leur aide. Ils étaient sérieux, efficaces, passionnés. J'avais accepté. Entre-temps, ils s'étaient organisés et avaient monté une petite société privée. Cela leur permettait d'obtenir les autorisations pour réserver des hélicoptères, des camions, pour louer des chevaux et des rennes, pour parcourir le pays, pour ouvrir un compte en banque… Tout ce dont j'avais besoin pour assurer les relais, acheminer les équipes (cinq en un an et demi), le

◄
Au début de l'été, la taïga offre un spectacle multicolore.

matériel, les chiens, pour vérifier les itinéraires, pour effectuer certains dépôts de nourriture.

J'avais confiance. Mais je savais aussi que, dans ce pays en pleine crise où la désorganisation est totale, tout serait compliqué.

Volodia nous présente nos compagnons de voyage : Sacha, vingt-trois ans, chasseur ; Vika, vingt-six ans, chasseur. Deux Toflars et pourtant deux hommes si différents.

Sacha passe son temps à rire pour le plaisir ou pour se moquer indifféremment de lui-même ou de nous. Il marche avec une sorte de négligence qui laisse croire qu'il va tomber à chaque instant alors qu'il serait capable de traverser un ravin sur un fil. Il me plaît tout de suite. Je ne saurais dire pourquoi.

Vika est beaucoup plus fier. Il n'est pas que cela. Malin, cela se voit tout de suite. Un tantinet moqueur.

On imagine toujours que le départ va être un moment inoubliable. On en a tant rêvé. On l'a tellement imaginé, tant attendu. Il n'en est rien. C'est toujours un moment difficile. Surtout avec des chevaux et surtout lorsqu'ils sont bâtés.

Les chevaux piétinent, frottent leur chargement souvent fragile sur les arbres. Il y en a même qui veulent se rouler ! Tout le monde est tendu, s'énerve. Ici, un cri. C'est un chargement qui vacille. Là, un juron. C'est Alain qui vient de casser une courroie. Alain n'est pas dans son assiette. Il faut dire que c'est la première fois de sa vie qu'il monte à cheval ou presque !

▲
Alain Brenichot a participé à quatre des six étapes de l'expédition. Ici, il dit : « Mais pourquoi on passe par là ? »

Puis, le calme s'installe sur la caravane comme la neige pose sa blancheur sur un paysage. Doucement, les chevaux et les hommes trouvent leur rythme.

Nous montons en selle alors que le sentier longe la rivière sous les grands pins. Enfin, le vrai départ.

Des tas d'images se bousculent dans ma tête. Celles d'autres départs, d'autres voyages. Je revois en un instant tout ce qui a précédé cette expédition, toutes les démarches, toutes les incertitudes, les joies et les découragements. Me voici à pied d'œuvre, avec de bons chevaux, une bonne équipe, une aventure unique devant moi, car la Sibérie est l'une des dernières grandes terres sauvages de la planète.

C'est avec respect que j'y pénètre, c'est avec humilité que je la traverserai, en prenant le temps pour voir et écouter. C'est une caresse respectueuse que nous passerons sur le pays.

Nous ne voulons pas être des héros. Nous sommes de simples voyageurs de l'immensité, amoureux et passionnés. Nous le resterons. Plus que jamais.

Je rêve encore lorsqu'un étonnant petit animal d'une douzaine de kilos passe au galop entre ma monture et celle d'Alain. Légèrement plus foncé qu'un chevreuil, l'animal semble extrêmement vif et agile. Sa tête juste entrevue ressemble à celle d'un jeune kangourou, dotée de curieuses petites défenses courbées vers le bas.

Comme une blague.

– Un kabarga, explique Sacha, sourire en coin. Ce soir, boum ! ajoute-t-il, en nous mimant un morceau de viande sur le feu.

▶ Après un temps d'observation, la vie s'organise avec nos guides toflars : Sacha et Vika.

Vers six heures, nous choisissons un campement au bord de la rivière. Dès que les chevaux sont dessellés et entravés, je quitte le camp, carabine sur l'épaule, pour ma traditionnelle balade du soir.

Je reviens deux heures plus tard. Alain a pris quelques petites truites. Nous sommes en train de les préparer lorsque Sacha revient, un kabarga sur le dos, en sifflotant d'un air très détaché, comme s'il nous rapportait le journal du jour.

C'est un mâle qui vaut son pesant d'or en musc, comme nous l'explique Volodia. Sacha découpe soigneusement la poche qui contient cette glande de la grosseur d'une noix et la fait sécher au bord du feu. Effectivement, le parfum n'est pas désagréable. Sacha en tirera cinquante roubles (environ cinq cents francs).

Sacha extrait de sa poche un petit sifflet taillé dans de l'écorce de bouleau, qu'il place entre ses dents. Un sifflement aigu modulé comme une plainte sort du rustique instrument. Sacha nous explique qu'il s'agit

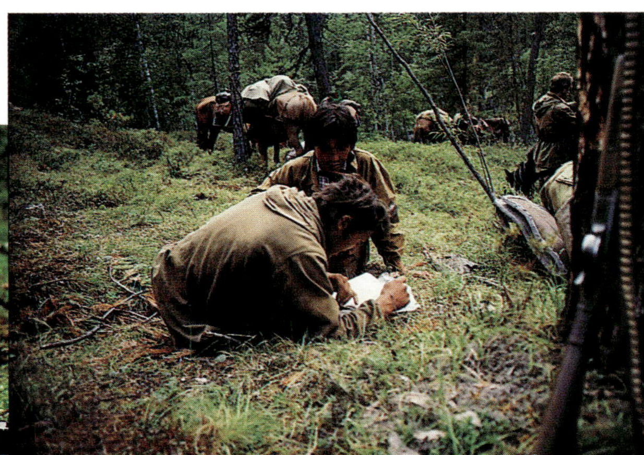

d'imiter le cri du jeune kabarga. En principe, s'il se trouve un porte-musc dans le coin, celui-ci accourra.

Sacha n'a pas terminé ses explications qu'Alain et moi partons découper de larges morceaux d'écorce de bouleau dans lesquels nous taillons quelques sifflets aussi mauvais les uns que les autres. Sacha et Vika ne se moquent pas. Au contraire, nous avons l'impression qu'ils estiment l'effort que nous faisons pour apprendre, et l'intérêt que nous manifestons pour leur mode de chasse.

En fin de soirée, nos sifflements se rapprochent quelque peu de ceux de nos professeurs. En tout cas, le courant passe. La soirée est superbe. Les truites puis la viande grillée flattent nos papilles gustatives. Pour finir, Alain prépare une succulente compote avec des tiges de rhubarbe récoltées au bord de la rivière.

Ce soir, nous sommes des rois.

Aux premières lueurs de l'aube, vers cinq heures, nous rattrapons les chevaux éparpillés dans les clairières le long de la rivière. La veille, nous avons rangé soigneusement chaque bât avec son tarpe (sorte de grosse toile de deux mètres sur deux qui recouvre tout le chargement), ses cordes, ses sacs et le matériel correspondant, si bien que nous chargeons relativement vite.

◄◄ Dans les montagnes, les torrents sont les seules « voies » praticables.

La moitié des chevaux sont bâtés, ce qui permet de permuter chaque jour et d'éviter ainsi les risques d'échauffement. Un jour une selle, un jour un bât. C'est la règle.

Nos chevaux sont superbes. Dès la première heure, ils nous ont impressionnés par leur dextérité, leur adresse et leur force. De vrais chevaux de montagne, taillés pour l'aventure.

La piste devient pénible. Nous cheminons maintenant dans une vallée étroite, le long de la rivière Oka devenue torrent. Ce ne sont qu'éboulis, ravins, forêts épaisses où se succèdent les marais, les taillis et les pentes abruptes. Nous sommes à pied devant les chevaux qu'il faut guider, encourager, tirer en certains endroits.

Une heure plus tard, c'est l'accident. Un cheval dérape dans un ravin, entraînant Alain par le fond sur des rochers. Il évite l'animal de justesse.

Le cheval n'a rien, sinon une petite coupure sans gravité sur la cuisse. En revanche, Alain s'est ouvert la paume sur plus de huit centimètres. Le sang gicle en maculant de rouge le pantalon de toile qui a déjà pris ses couleurs de voyage. Des points de suture, j'en ai déjà fait des mètres, mais jamais dans la main, et je suis tout de suite impressionné par l'épaisseur du cuir.

Il faut dire qu'Alain, taillé comme un joueur de rugby – qu'il est d'ailleurs –, n'a rien d'une jeune fille. J'enfonce l'aiguille en poussant de toutes mes forces, traverse la plaie et tente de ressortir l'aiguille. Je suis obligé de prendre beaucoup de chair pour que cela tienne. Alain a envie de crier, mais tient bon.

Je découvre Alain. Je le connaissais peu. À vrai dire, je ne l'avais rencontré que trois ou quatre fois en France, brièvement. Avec Benoît, mon ami d'enfance, il avait traversé en canot le nord de la péninsule du Québec au Labrador alors que je traversais l'Alaska. Lorsque Benoît m'avait parlé de lui, de son amour de la forêt, de sa passion pour la vie sauvage ou encore de son caractère doux et emporté, je l'avais tout de suite compté parmi ceux que j'aimerais avoir avec moi en Sibérie.

Alain avait hésité... deux secondes.

Je ne regrette rien. J'aime ce grand costaud qui prend des airs de jeune fille amoureuse lorsqu'il observe un couple de mésanges se poursuivant dans les airs. J'aime ses coups de gueule lorsqu'une boucle se coince et que « ça commence vraiment à bien faire ».

Nous vibrons à l'unisson pour ce voyage.

Qu'en sera-t-il dans quatre mois ? Personne ne peut le dire, mais j'ai confiance.

Cinquième jour.

Volodia est dans tous ses états. Nous avons rendez-vous avec un hélicoptère qui doit remonter la vallée à notre rencontre. Dans cet hélicoptère se trouve Benoît, notre fidèle compagnon de voyage, avec une équipe de cinéma censée venir tourner quelques images pour le film qui relatera notre aventure.

Ce nouveau départ, avec Benoît, Volodia, Alain, puis Sacha et Vika, ressemble à un vrai départ. L'équipe est au complet, enfin, avec, devant elle, des centaines, des milliers de kilomètres de taïga.

En avant. Destination la Mongolie, ensuite nous irons droit vers le nord jusqu'au lac Baïkal.

▶ Volodia, géologue de formation, devait participer uniquement à la première étape. Finalement, il est resté jusqu'au bout.

PINAULT

Le sentier a disparu, et les Toflars ne peuvent plus nous aider. Ils ne sont plus chez eux. Depuis deux jours, nous avons quitté leur territoire, ainsi que celui des kabargas. Nous poursuivons notre chemin au mieux en évitant les zones trop humides, mais nous nous trouvons bientôt en fâcheuse posture, coincés entre la montagne, la rivière et le marais, dans lequel les chevaux s'enfoncent de plus en plus.

Benoît n'a pas fait dix mètres que son cheval perd soudain pied dans un trou. De l'eau jusqu'au nombril, nous déchargeons le matériel. Nous sortons enfin le cheval qui donne de grands coups de reins en soufflant. Nous nous croyons sortis d'affaire, lorsque la monture d'Alain se coince, elle aussi, dans un trou, puis c'est au tour de la mienne.

Il faut savoir qu'une telle situation est extrêmement grave : si le cheval ne s'en sort pas rapidement, il s'épuise et ne parvient plus à s'en extraire. Or, il ne peut compter que sur lui. Comment pourrions-nous sortir un cheval à la force des bras ?

Vite, nous débâtons, coupons les sangles qui résistent et forçons l'animal à se dégager en criant et en tirant sur sa longe. Les deux chevaux sortent, puis retombent un pas plus loin.

Volodia, Sacha et Vika, plus malins, ont contourné la zone par le bois, effectuant ainsi un large détour mais qui en valait bien la peine.

Un à zéro.

Lorsque nous cheminons au pied des montagnes, le paysage est d'une beauté rare, à couper le souffle.

Imaginez un cercle de hautes montagnes aux crêtes enneigées, des lacs d'un bleu profond ceinturés de joncs d'un vert clair et lumineux qui contraste avec le vert sombre de la forêt striée de bouleaux, des prairies grasses avec leur tapis de fleurs multicolores, des oiseaux, des cerfs et des écureuils qui partout font fête à l'été.

Bianca, la jeune chienne de Sacha, devenue la mascotte de l'expédition, n'arrête pas de courir en tous sens, croquant ici un mulot, là un jeune lièvre. C'est un plaisir que de la voir courir, ivre de liberté, dans la taïga.

Nous montons la tente près du lac Hara que surplombe une montagne aux magnifiques parois abruptes.

La soirée est animée. Il faut nous voir discuter avec Sacha et Vika. Un geste par mot. La tente, avec les deux mains en forme de tente, un cerf, en plaçant nos doigts sur la tête, un fusil, en visant avec le bras et ainsi de suite. Même si, au premier coup, nous nous comprenons mal sur un mot, nous nous entendons vite sur un geste qui, répété, devient familier. Bientôt, c'est tout un dictionnaire de gestes auxquels correspondent des mots ou des situations, qui nous permet de communiquer avec eux.

Nous repartons. Au loin, un volcan se dresse, bien reconnaissable à sa forme et à sa couleur, qui dénote comme un corbeau dans une volée de lagopèdes.

Volodia ne peut s'empêcher, suivi par Benoît, de grimper en haut du volcan. Si Volodia est géologue, il est aussi et surtout alpiniste, alors se faire la cime d'un volcan !

▲ Dans les passages difficiles, surtout en dévers, il faut descendre de cheval et marcher devant.

La tentation est trop grande. Et nous savons résister à tout, sauf à la tentation !

J'en profite pour faire quelques prises de vue, et nous nous retrouvons tous une heure plus tard au milieu… des vaches. Bientôt, nous apercevons les gardiens du troupeau, deux Bouriates de quatorze et seize ans qui viennent à notre rencontre.

Nous sommes donc en Bouriatie. Sacha, Vika et Volodia discutent ferme sur la route à suivre jusqu'à un petit village qu'ils nous indiquent à sept heures de marche. Comme les Bouriates ont expliqué à Sacha et à Vika qu'il y avait une source d'eau chaude, il n'y a pas moyen de parlementer. Ils veulent y être le soir même. Ce que Toflar veut, Dieu le veut !

J'enrage. Nous n'avons pas quitté le village depuis une heure que nous nous sommes déjà égarés, incapables de trouver le chemin indiqué par les villageois pour rejoindre les hauteurs par lesquelles nous espérons atteindre la frontière de la Mongolie.

Nous consultons les cartes imprécises, car de trop grande échelle (500 000ᵉ !), et repartons. Enfin, nous trouvons la vallée indiquée, puis après trois quarts d'heure de marche pénible sur le mauvais versant, j'aperçois, en même temps que Volodia, le sentier de l'autre côté du torrent ! Il faut dire que ce sentier n'a rien d'une route. Une ridicule petite sente qui disparaît pour réapparaître un peu plus loin, vaguement tracée dans les herbes ou la boue. La pente est raide et le sentier jonché d'arbres morts qu'il faut couper à la hache pour passer. À croire que le sentier a été utilisé pour la dernière fois il y a une dizaine d'années.

Après deux heures de marche pénible et incertaine, nous débouchons enfin sur les alpages.

Je marche depuis deux heures dans les champs d'edelweiss lorsque j'atteins l'un des hauts cols d'où je voudrais regarder à la jumelle les crêtes avant la tombée de la nuit.

Mais, je suis à peine installé que la neige se met à tomber en gros flocons lourds. C'est raté pour mon observation. Tout est bouché. On ne voit pas à plus de vingt mètres. Je m'installe dans une petite cavité à l'abri et attends une accalmie pour redescendre. Je suis bien. Seul.

J'en ai parfois besoin. Quinze minutes s'écoulent, paisibles, belles, simples.

Et que vois-je tout à coup sortant du brouillard tel un mirage ? Une ourse, énorme, avec un adorable ourson. Une vraie peluche qui passe à quinze mètres de moi. L'ourson happe les flocons. Je jure qu'il sourit. Il s'amuse comme un fou alors que sa mère, de son grand pas souple qui contraste d'une manière étonnante avec son apparente lourdeur, va, sûre d'elle, vers je ne sais quelle destination. Sa robe est grise, piquée de neige, qu'elle chasse en s'ébrouant à la manière d'un loup.

Les Esquimaux ont un mot pour exprimer le sentiment que leur procurent de telles rencontres d'animaux sauvages. Un bonheur profond qui vous remplit d'allégresse et vous donne envie de crier la beauté du monde.

Trois mille six cents mètres et toujours dans la brume !

Notre caravane passe comme un fantôme sur le col. Des perdrix blanches s'envolent pour se poser quelques mètres plus loin comme des boules de neige qui se seraient soulevées du sol pour retomber aussitôt.

Voilà dix jours que nous n'avons pas vu le soleil. Rien que de la brume, de la pluie et de la neige.

C'est usant. Physiquement et moralement.

Nous ne sommes plus qu'à vingt kilomètres de la Mongolie. Tout à l'heure, nous y mettrons un pied. Un symbole.

◀◀ À 400 mètres d'altitude, la neige est présente, même en plein mois de juillet.

Nous progressons bien – six ou sept kilomètres à l'heure.

Les cimes s'aplatissent, les creux se remplissent, nous voilà bientôt sur un gigantesque plateau que nous traversons, au hasard, à la boussole, pour regagner une vallée que nous suivrons pour atteindre Orlik, notre première destination.

– Look, it's Mongolia ! me dit Volodia en m'indiquant l'autre versant.

Mais nous nous en moquons comme cet aigle qui décrit ses orbes dans le ciel, tantôt en Mongolie, tantôt en Sibérie, sans se soucier des frontières.

Après deux jours de marche sans événements notables, nous arrivons enfin au bac, non loin d'Orlik. Et quel bac ! Une énorme plate-forme en vieille ferraille, hissée sur des bidons qui coulissent sur un câble en acier. Un système de gouvernail et de treuil permet au diabolique engin de faire traverser la rivière aux hommes, aux chevaux et au matériel. Mais les chevaux ne l'entendent pas ainsi et refusent de monter. Sacha et Vika s'énervent. Quelques Bouriates d'Orlik rassemblés là nous prêtent main-forte, mais rien n'y fait. En deux heures, nous ne réussissons qu'à faire monter neuf chevaux. Il en reste trois.

– C'est déjà pas mal, soutient Benoît qui, depuis le début des opérations, n'arrête pas de se marrer. Il adore ce genre de manœuvre compliquée et spectaculaire. Son côté enfant !

Nous décidons de mettre les chevaux à l'eau. À notre grande surprise, ils traversent la rivière sans encombre malgré le courant.

– Si on avait su ! soupire Volodia.

▲
Les chevaux n'aiment pas beaucoup réaliser ce genre d'acrobaties.

Demain, nous serons à Orlik.

Orlik. La ville. La capitale. Le New York des monts Okinskiy avec une centaine de cabanes et huit cents habitants.

Certes, Orlik est un ravissant petit village, tout de bois vêtu, aux fenêtres colorées qui lui donnent un air de fête. Mais nous ne trouvons pas un seul magasin ou quelque chose qui y ressemble où nous pourrions nous procurer un peu de pain, de beurre, de lait ou quelques œufs. C'est décevant.

Des vaches, des chevaux et des chiens en liberté errent dans les rues. Tout ce petit monde semble faire bon ménage. Des corbeaux paressent sur les toits, attendant quelques victuailles. Les enfants jouent dans les mares ou se baignent dans la rivière, tandis que les adultes travaillent aux champs. L'été est court et il y a fort à faire : le foin, le bois, la pêche. Les activités ne manquent pas.

Après s'être renseignés sur notre nationalité, sur notre destination et autres banalités, les Bouriates retournent vaquer à leurs occupations. C'est vrai que nous n'avons rien d'extraordinaire avec nous : des chevaux du coin, des habits et du matériel qui ressemblent aux leurs. En quelque sorte, nous décevons ! Finalement, il n'y a que notre nationalité qui dénote et, peut-être en s'approchant un peu, nos visages, bien qu'ils aient pris les couleurs du pays, c'est-à-dire celles du voyage.

Nous passons la journée du lendemain à rechercher Bianca qui a disparu alors que nous visitions le village. Nous avons beau chercher partout, appeler, siffler... pas de Bianca.

Volée par un Bouriate ? Égorgée par une chienne jalouse ? Écrasée par un cheval ?

Nous cherchons, cherchons, cherchons.

Mais il faut se rendre à l'évidence. Bianca, notre belle petite chienne, ne reviendra pas gambader dans les pattes de nos chevaux, ne chassera plus les perdrix devant la caravane, ne posera plus sa petite truffe humide sur nos cuisses au bord du feu.

Sacha et Vika s'en fichent. Pas de « chien-chien-à-sa-mémère » ici, et Bianca n'ayant pas encore été dressée à la chasse à la zibeline (ce à quoi elle était destinée), la perte n'est pas trop grande.

Sans cette boule de vie, la caravane chemine tristement.

Pour nous rendre à la rivière Irkout, il nous faut traverser les monts Kitoyskiye, vastes chaînes escarpées dont les crêtes semblent rivaliser de hauteur comme pour atteindre le ciel.

Nous quittons ensuite la rivière Ouruk et nous nous dirigeons vers la Kitoy. De nouveau, nous cheminons dans la taïga sauvage sur des pistes incertaines, nous perdant souvent dans les marais ou les forêts.

La pluie est là, sans cesse. Elle fait partie du voyage, de nos bagages. Quand elle s'arrête, il y a des moustiques, puis elle revient et les moustiques s'en vont.

Marche silencieuse hors du temps. Où allons-nous ?

Notre caravane se fraye un chemin dans l'irréel. Parfois, nous perdons de vue notre cheval de bât, quelques mètres derrière. Benoît trouve cela très drôle. Alain ne dit rien. Il marche de son pas tranquille, écoutant la taïga silencieuse qui lui parle.

Volodia, engoncé dans ses multiples couches de chandails et d'imperméables, fredonne un air nostalgique et doux.

Sacha et Vika commencent à en avoir marre. Ce matin, ils refusaient de partir invoquant le mauvais temps, les mauvais esprits et j'en passe.

Mais ce soir, tout va bien. La bonne humeur règne autour du feu. La place est belle et nous décidons de donner du repos aux chevaux. Deux jours durant lesquels nous pêchons, chassons, allons reconnaître la route vers un col.

Tout est calme. Paisible.

Nous sommes heureux, riches de simplicité.

▲
Dans les villages, les maisons sont toutes en bois, d'apparence un peu délabrée, mais toujours parfaitement calorifugées.

Le lendemain, nous partons tôt pour tenter de combler notre retard. La nourriture va bientôt manquer et nous voudrions être sur les bords du lac Baïkal dans un mois.

– En septembre, ce sont les tempêtes, ne cesse de répéter Volodia. Et en octobre, les glaces.

Mais la nature décide. À trois heures, alors que nous avions enfin retrouvé une piste après une matinée d'errance, nous sommes bloqués par les crues de la Kitoy.

L'eau boueuse gronde, l'air de dire : « Vous ne passerez pas. » Nous décidons d'attendre une journée que les eaux baissent.

– Tant pis ! ironise Alain, on remontera le Baïkal en patins à glace.

D'après Vika, les chevaux peuvent passer face au courant. Il m'explique qu'il faudra bien les tenir et traverser en diagonale, de ce bosquet jusqu'à ce gros rocher, là-bas.

▲
Dans le fond de certaines vallées peu caressées par le soleil, la neige peut persister jusqu'au mois d'août.

La rivière gronde et le cheval de Vika hésite, les oreilles couchées. Il entre enfin dans l'eau et, prudemment, pose ses sabots, l'un après l'autre, comme un grimpeur dans un passage difficile, cherchant les bonnes prises. L'eau roule sur son poitrail comme sur la quille d'un bateau. Mais le cheval, puissant, tient bon et avance mètre par mètre, sans erreur. Tout à coup, il perd pied mais se rétablit aussitôt et gagne la rive. Il est passé. Nos chevaux suivent, traversant l'un après l'autre avec la même dextérité et le même talent.

Nous montons alors, suivant un affluent de la Kitoy vers un col. La pente est raide, la forêt impraticable et nous utilisons le lit du torrent pour progresser.

Sacha, Vika et Volodia se sont arrêtés pour déposer sur une pierre plate quelques dons pour le dieu des montagnes qui – en principe – passe de temps en temps sur certains cols recueillir les offrandes. Nous déposons des pièces françaises qui traînaient au fond de nos poches ainsi que des cartouches. Tradition oblige.

– Les dieux seront contents, affirme Vika, puissent-ils nous apporter un peu de soleil.

Une heure plus tard, les dieux répondent. Des éclairs traversent le ciel et l'orage éclate.

L'eau dévale le lit du torrent avec force et nous avançons sur les berges étroites et rocailleuses. Mais les parois, qui tombent à pic sur plus de deux cents mètres, nous repoussent sans cesse dans la rivière torrentueuse. Nous ne faisons jamais plus de cent mètres sans tenter une traversée pour chercher un passage sur l'autre rive.

– Le Bouriate m'avait dit que nous traverserions plus de cent cinquante fois le torrent d'ici jusqu'en bas, annonce Volodia qui consulte ses notes inscrites sur le bord de la carte.

– Plus que cent quarante-sept ! dit Benoît.

Alain, très flegmatique, annonce que, de toute façon, cela revient au même d'être mouillé par la pluie du ciel ou par l'eau de la rivière.

Les heures passent. Les chevaux et les hommes fatiguent. Mais pas de compromis possible, il faut aller jusqu'au bout.

Benoît, triomphal, a compté que nous avions effectué cent soixante-trois fois la traversée du torrent, entraînant quatorze chutes sans gravité.

Le jour est levé depuis longtemps déjà lorsque nous sellons plusieurs chevaux pour nous rendre aux sources d'eau chaude de Chumak.

Quelle n'est pas notre surprise d'y rencontrer une trentaine de Bouriates venus ici par hélicoptère passer quelques semaines en famille. Chumak, c'est le Lourdes de la Sibérie. Se baigner dans ses eaux chaudes et sulfureuses garantit à tous guérison et longue vie. Pourquoi s'en priver ?

Nous plongeons avec délice dans un grand bain chaud aménagé dans une cavité de roche. Tout à coup, un Bouriate pénètre en furie dans notre cabane et hurle en montrant notre savon :

– Mahalla, Mahalla !

Apparemment, nous avons commis un sacrilège. Nous nous confondons en excuses, expliquant que « nous ne savions pas », que « nous ne recommencerions pas », comme des enfants pris en faute.

▶ Rechercher les passages à gué est l'une des occupations principales des voyageurs à cheval dans ce milieu sauvage.

Lorsque nous arrivons à la veillée vers neuf heures, un grand feu illumine la clairière. Apparemment, l'incident est clos. Les femmes entonnent une douce mélodie. On nous propose du lait, cadeau traditionnel de bienvenue en Bouriatie. Puis commencent les danses. Il faut entrer dans le cercle. Tout le monde chante, nos

paroles montent vers le ciel. Une guitare reprend le refrain. Nous écoutons avec émotion les vieilles chansons parlant de la terre des ancêtres, des dieux, des lacs et des montagnes. Puis soudain, tout s'arrête. Je dois parler. Volodia traduira.

J'explique qui nous sommes, pourquoi nous voyageons dans ces montagnes. Je parle de l'immense respect que nous avons pour leur pays, pour leur peuple qui sait encore vivre avec la nature. Je leur dis que nous rapporterons des images qui évoqueront les paroles de leur merveilleuse chanson *La terre est notre mère*, que nous montrerons au monde la richesse d'une nature sauvage et préservée comme la leur. Je les remercie du fond du cœur et termine en évoquant notre histoire de savon et nos regrets...

▲
Des ombles pour le repas. La taïga n'est pas ingrate...

Aujourd'hui, tout est morne, triste et gris. Sur nos selles, dans le sentier boueux et monotone qui suit la rivière, chacun cherche à s'échapper. Je rêve de ma ferme en Sologne, de mon poêle à bois qui trône dans la grande pièce. Je m'imagine devant le feu, mon chien roulé en boule à mes pieds, qui m'observe de ses yeux fidèles. Un morceau de sanglier mijote dans la cuisine, il y a une bonne bouteille de vin sur la table... Diane en face de moi.

Mais je suis au fin fond de la Sibérie, dans la taïga qui pleure toutes ses larmes, prisonnier de ce rêve qui, en prenant des couleurs de réalité, m'apparaît tout à coup trop ambitieux, trop démesuré pour moi qui ne rêve, à cet instant, que d'un chez-moi douillet et confortable. Quelle vie étrange ! En observant mon parcours, j'ai parfois l'impression de regarder un autre homme que moi.

Qui suis-je ? Qu'ai-je fait pour être animé d'une passion si forte qui m'entraîne si loin dans la taïga sauvage ? Qui suis-je pour passer une vie la barbe au menton et un couteau à la ceinture dans une taïga qui n'est pas mon pays ? Où vais-je avec toutes ces expéditions sauvages qui se succèdent depuis dix ans et qui me font apparaître comme un coureur des bois téméraire aux yeux du grand public avide d'histoires telles que la mienne ?

Perdrai-je un jour ma véritable identité au détriment d'une image qu'il me faudra soigner ? Peu à peu, je vois apparaître autour de moi, dans mon village, dans ma famille, les premiers signes d'une certaine reconnaissance, sinon d'une certaine célébrité.

Je veux pourtant témoigner de la splendeur des montagnes du Labrador ou de la Sibérie, dans lesquelles on peut encore marcher des semaines sans rencontrer une route. Et si je veux que l'on parle, ce n'est pas de moi, mais des pays que je traverse, des hommes qui y vivent, car ce sont eux les véritables héros de cette histoire. Mais « lorsque le doigt montre la lune, l'imbécile souvent regarde le doigt ». Je suis le doigt qui montre la Sibérie et quelques imbéciles n'y voient qu'un héros accomplissant là-bas je ne sais quel exploit.

– À quoi tu rêves, Nicolas ? demande Alain.

– À une bonne bouteille de bordeaux, un château pape-clément.

Alain sourit, la France est tellement loin ! Nous souffrons tous du manque de nourriture variée, de quelques gâteries comme un morceau de chocolat, une bière ou une bonne bouteille de vin.

À Chumak avec les Bouriates, nous avons longuement discuté et hésité sur la route à suivre. La plus courte nous mènerait vers un col si abrupt que les Bouriates nous l'ont fortement déconseillée. Chaque année, des chevaux dérapent et se fracassent dans les rochers. La seconde solution, que nous choisissons, consiste à suivre la

▶ Un film d'une heure trente pour le cinéma sera réalisé sur cette expédition, intitulé *Au nord de l'hiver.*

Chumak pour remonter ensuite l'un des affluents vers un col moins dangereux.

Mais les ennuis commencent. Il nous est impossible de suivre la rivière qui coule maintenant dans une gorge, véritable précipice aux parois horizontales. Benoît et Volodia, partis en reconnaissance, rentrent à la nuit. Ils ont trouvé et marqué un passage au-dessous des crêtes.

– Ça va être dur, mais ça va, annonce Benoît.

Jamais nous n'avons progressé dans un terrain aussi épouvantable. Chaque mètre est un combat. Pierraille, marais, ravines et forêts inextricables sans discontinuer. Ce parcours devrait être recommandé pour un championnat

◄
Vika, le chasseur toflar.

▼
Le thé. Les peuples du Nord en consomment énormément.

▲ Au sud du lac Baïkal s'élève une chaîne de montagnes féeriques.

de conducteurs de chevaux tout-terrain. Les passages pourraient être cotés de « cinq sup » à « six sup » (difficile à extrêmement difficile).

– C'est l'enfer !

Alain n'en peut plus.

Benoît hurle :

– Vite ! Vite à l'aide ! Viiiiite !

Je me précipite, m'accrochant dans les branches qui me fouettent le visage. Les cris proviennent d'en bas, du bord du ravin...

J'arrive, essoufflé. Couché à terre, Benoît tient une

corde retenant un cheval en équilibre à quelques mètres du précipice. Loin, tout en bas, les eaux grondent.

– En se relevant, il va tomber, m'explique Benoît, calme et précis, juste comme il faut dans un cas pareil. Passe la corde autour de l'arbre, là-bas.

Benoît a déjà tout pensé. Je m'exécute. Dans un cas pareil, on ne discute pas, et Benoît réagit toujours avec intelligence et un incroyable sang-froid. Si, un jour, je suis en danger de mort quelque part, je voudrais que ce soit Benoît qui se trouve là.

– Impeccable, tiens bien, je vais détacher son bât. Fais gaffe quand il va se relever, il faut tenir la corde bien tendue. S'il recule d'un mètre, c'est le précipice.

Le cheval, aussitôt libéré, se relève et, effectivement, manque de retomber en arrière, mais la corde qui mord dans la chair blanche de l'arbre tient bon. Il se relève et remonte. Ouf, sauvé !

Elle est belle, notre caravane ! Tout est déchiré, rapiécé. Les cordes, qui cassent sans cesse, ne sont plus qu'une série de nœuds qui pendent lamentablement par endroits. Les visages crasseux, tirés par la fatigue, ressemblent à l'un de ces tableaux évoquant la retraite de Russie.

Je passe devant. Si je suis dix fois moins fort qu'Alain et même que Volodia, athlétique et musclé, je jouis, en revanche, d'une bonne résistance qui me permet, dans des cas comme celui-ci, de fonctionner à plein régime des heures durant.

– Une vraie carne, dit Alain quand on évoque la chose.

J'irai même jusqu'à dire – ceux qui voyagent avec moi le savent bien – que j'apprécie ce genre de journée qui pousse les hommes à leurs limites. J'aime sentir le corps présent quand on lui fait subir de tels efforts.

Mais, aujourd'hui, nous voyageons avec des chevaux... Nous décidons de nous arrêter le long d'un ruisseau. Sous les arbres, nous trouvons un peu d'herbe et les bêtes en ont besoin.

La matinée, chaotique à l'image de la veille, s'écoule péniblement. Encore une rude montée, une descente abrupte dans les éboulis, un marais et nous arrivons à la rivière. Nous ne pourrons pas la traverser : les eaux ne cessent de monter.

Comme la nourriture manque, Alain et moi partons à la recherche de porte-musc, tandis que Volodia et Benoît tentent une ultime reconnaissance.

Je siffle plusieurs fois. Un bruit de branches cassées et de galop dans la pente m'avertit qu'un porte-musc arrive. C'est un mâle avec deux magnifiques dents recourbées vers le bas. Ma balle le touche au creux de l'épaule et il dégringole la pente, s'arrêtant dans les myrtilles qui freinent sa chute.

Je reste là quelques instants à l'observer.

C'est à ce moment que les Indiens parlent à leur victime, car, d'après eux, l'âme ne la quitte que plus tard. Ils la remercient pour sa viande, pour sa peau et lui expliquent pourquoi ils l'ont tuée. Une sorte de rite dans lequel l'homme moderne ne voit que superstition et va même jusqu'à juger barbare l'acte qui consiste à tuer pour survivre. Curieux renversement que celui où l'homme coupé de la nature condamne celui qui l'illustre le plus parfaitement.

Je dépèce le porte-musc, lui attache les pattes au moyen d'une corde et le place sur mon dos.

Ce soir, nous mangerons du kabarga.

Volodia et Benoît rentrent peu avant la nuit.

– Il faut traverser la rivière, explique Volodia.

Traverser la rivière nécessite au moins deux jours d'attente afin que le niveau baisse. Or, le ciel se charge de nuages qui ne promettent rien de bon.

– Le temps décidera, conclut Benoît qui sombre rapidement dans les bras de Morphée.

Et le temps décide. Vers minuit, des éclairs gigantesques déchirent le ciel, alors que les coups de tonnerre rebondissent sur les parois des montagnes. Nous nous sentons infiniment petits devant l'orage. Comment ne pas croire aux puissances de la terre ? Cette nuit, les dieux se fâchent. Énormément.

La rivière a encore monté, menaçant la tente.

Il faut se résoudre à quitter la vallée pour retourner à Chumak.

– Je n'ose pas penser à tous ces passages qu'il faut refaire à l'envers, se lamente Alain.

31 juillet.

Pour l'anniversaire de Benoît – vingt-huit ans –, les dieux ont décidé d'un temps plutôt beau. À huit heures, nous partons vers Chumak.

Nous passons mieux, plus vite. Les arbres ont été coupés à l'aller et nous nous rappelons chaque difficulté dans les moindres détails. Nous décidons d'être à Chumak le soir même, de faire en une journée ce que nous avions fait en deux.

Mon pauvre petit cheval blanc fatigue.

À minuit, nous arrivons enfin. Après-demain, nous passerons le col.

– Qu'est-ce qu'il dit ?

Alain refuse de comprendre.

– Une balle dans la tête, confirme Volodia.

Silence.

Les chevaux sont tous passés, chacun à leur tour, avec ou sans bagages, car nous en avons porté une grande partie sur le dos en effectuant des allers-retours en haut du col. Mais il reste un cheval qui refuse de monter.

– Une balle, répète Vika, et on continue. De toute façon, on n'en a plus besoin. Nous sommes bientôt arrivés au lac Baïkal et quatre chevaux suffisent pour les bagages.

– Pas question !

Benoît a bien appuyé ses mots en regardant Vika droit dans les yeux.

Celui-ci hausse les épaules. Il nous trouve ridicules. Il pense de nous ce que nous pensons des gens qui offrent à leur chien des gâteaux d'anniversaire ou les emmènent une fois par semaine chez le coiffeur pour un Brushing.

Nous restons français. Nous ne pouvons pas nous résoudre à abattre un cheval parce qu'il refuse de passer un col, alors que nous voyageons depuis trois mois avec lui et qu'il nous a si courageusement rendu service.

▲
Certains lacs, comme ici, sont faciles à contourner. D'autres, beaucoup moins, notamment lorsque la montagne tombe à pic dans l'eau.

Un Toflar ne raisonne pas comme nous. Ne jugeons surtout pas. Nés là-bas, nous serions identiques. C'est la nature avec ses lois. Le refuser, c'est vouloir l'aseptiser. On m'a reproché de vouloir montrer dans mes films la dureté de la nature : la chasse, le traitement que les hommes font subir à leurs bêtes parce que la nature leur impose une vie difficile où il leur faut bien vivre, sinon survivre. Pour ma part, je continuerai à raconter sans rien cacher.

Il reste donc un cheval. En bas du col, deux carcasses en putréfaction témoignent d'un tragique accident.

Tous les six, nous montons la pente raide. Benoît et Sacha tirent sur la longe en encourageant le cheval.

– Allez, allez, Podium !

Alain, fort comme un bœuf, le pousse. Volodia l'aide. Le cheval, comme s'il avait confiance, ne résiste pas. Encore cent mètres, les plus durs. Nous montons par étape. Deux mètres. Pause. Deux mètres. Pause. Cinquante fois jusqu'en haut.

L'image est belle. Le soleil s'est levé et éclaire les six hommes en cercle autour du cheval. Minuscules dans l'immensité.

Au loin, nous devinons le lac, tel un diamant serti dans la haute montagne. Nous sommes formidablement heureux. Sacha et Vika participent à cet instant d'émotion. Jamais ils n'étaient allés si loin de leur pays. Les voilà au bord de la mer.

La mer Baïkal.

▶ Benoît Maury Laribière a participé aux deux premières étapes de l'expédition. Il dirige aujourd'hui l'agence Laïka spécialisée dans l'aventure, la chasse et la pêche.

À la rame

Le lac Baïkal est le plus vieux lac du monde (vingt-cinq millions d'années !), le plus grand aussi : vingt pour cent de la réserve d'eau douce mondiale. Une véritable mer qui contient une faune et une flore des plus riches : plus de deux mille six cents espèces dont mille quatre-vingt-cinq variétés d'algues et mille cinq cent soixante espèces animales ! Le plus incroyable, c'est que neuf cents de ces espèces sont endémiques, c'est-à-dire propres à ce lac, comme le phoque d'eau douce, unique au monde.

Avec notre vieille barque de pêcheur, nous allons silencieusement. L'eau, d'une limpidité extraordinaire, frôle les côtes escarpées auxquelles s'accrochent de magnifiques pins. Ils se penchent avec leurs branches tordues et nous regardent passer, doucement, régulièrement, comme un nuage brun dans un ciel transparent.

Pourquoi ramer pour remonter le plus vieux lac du monde, alors que les pêcheurs eux-mêmes utilisent le moteur ? Parce que, ce matin, nous avons surpris un chevreuil grignotant de jeunes pousses de bouleau au bord du lac. Parce que, hier, les phoques jouaient autour de nous en regardant de leurs grands yeux étonnés ce morceau de bois dérivant sur les eaux. Parce que, demain, nous surprendrons un ours, nous écouterons le vent miauler dans les arbres. Parce que nous vivons avec le lac comme si, en ramant sur ses eaux, nous respirions avec lui.

▲ Le phoque d'eau douce est l'emblème du Baïkal.

Déjà six jours que nous ramons et nous dépassons enfin la partie sud. Une désolation.

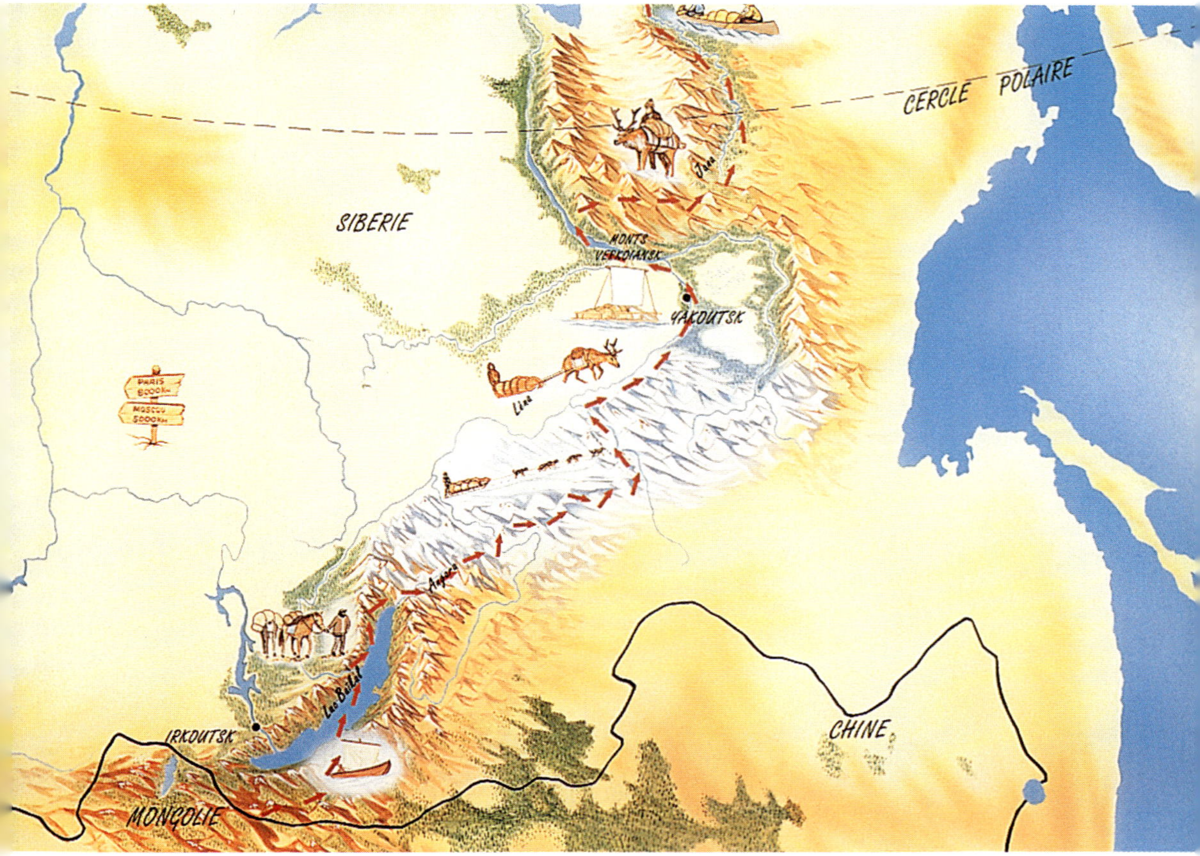

▲ Un an et demi pour couvrir plus de 8 000 km à travers les zones les plus sauvages de Sibérie.

Si ces damnées usines de cellulose polluent les eaux et heurtent l'opinion publique internationale, la pollution la plus visible reste celle infligée par les Sibériens d'Irkoutsk eux-mêmes. Des plages entières jonchées de détritus, de boîtes de conserve, de bouteilles de vodka qui dégueulent de poubelles jamais vidées et se répandent un peu partout au gré du vent et des courants. Des constructions affreuses, sortes de camps d'été pour enfants et touristes, jurent comme une voiture du Paris-Dakar dans un petit village africain. Mais malheureusement, ces constructions ne font pas que passer.

Volodia est indigné. Nous le sommes encore plus que lui. Comment de telles choses sont-elles possibles ? Que l'on fasse sauter ces usines s'ils ne veulent pas les fermer ! Que l'on interdise l'accès du lac à quiconque est pris en flagrant délit ! Que l'on ne construise pas n'importe quoi n'importe où !

Quand prendra-t-on conscience que la beauté et la pureté sont des valeurs plus précieuses que l'or et le diamant, car infiniment plus rares ? Sauvons ce lac ! Les spécialistes disent qu'il en est encore temps, mais deux espèces disparaissent chaque mois pour toujours, victimes de l'inconscience des hommes...

En quittant le sud, nous avons quitté les hommes, leurs belles maisons et leurs détritus. Le nord, c'est la partie sauvage du lac avec ses marais, ses plages de sable fin, ses bouleaux qui prennent déjà des teintes flamboyantes et posent des taches de couleurs jusqu'en haut des montagnes. Celles-ci se dressent avec leurs cimes blanches dans un ciel enfin bleu ! Depuis deux semaines, c'est l'été, celui que l'on appelle l'été indien au Canada. L'été sibérien est à son image.

Après trois mois de pluie, nous apprécions avec délice la chaude caresse du soleil. Le dos et les visages brûlent, prenant des teintes publicitaires pour crèmes à bronzer. Mais tout n'est pas rose. Notre vieille barque prend l'eau de toutes parts, et il faut sans cesse écoper – plus de deux cents litres à l'heure –, sans quoi nous sombrons. Elle n'est pas grande : cinq mètres de long sur un mètre cinquante de large et il faut partager l'espace : quatre hommes et le matériel.

◀◀ Quelques rares villages de pêcheurs sont nichés dans le fond des anses abritées du lac Baïkal.

L'organisation est militaire. Un homme à l'arrière, au gouvernail, qui se repose de soixante minutes de rame, un autre juste devant lui avec une rame dans chaque main, la place du galérien (parfaite pour Alain), et enfin deux hommes au milieu, qui se disputent un espace restreint, l'un ramant à gauche, l'autre à droite. Et toutes les vingt minutes, on tourne.

L'ambiance est bonne, même si la nostalgie s'empare parfois de nous en pensant à ceux que nous avons quittés : Sacha, Vika, les chevaux. Nos chevaux qui sont déjà là-bas dans ces montagnes que nous avons tant aimées. Mais nous savons que nous y retournerons et les souvenirs redeviennent joyeux.

Benoît est calme, un peu triste et souvent rêveur, ailleurs. Le voyage se termine bientôt pour lui, et il cherche quelque motivation pour reprendre la vie à bras-le-corps. Je suis triste aussi, car une page est tournée. Nous avons effectué ensemble beaucoup d'expéditions, en Laponie, au Labrador, dans les Rocheuses et en Alaska. C'est fini. Si nous repartons, ce sera différent. Pourquoi, je ne saurais le dire. Je le sens.

Quant à Alain, j'ai trouvé en lui le compagnon de voyage idéal. Nous en sommes arrivés, après trois mois de vie commune, à cette espèce d'équilibre indestructible qui existe dans un vieux couple. Nous nous sommes appréciés, nous connaissons nos qualités et nos défauts et nous les acceptons tels quels, à nu.

Volodia est mystérieux, sans doute parce qu'il est russe. Nous nous observons toujours, en nous appréciant réciproquement, mais nous n'avons pas encore trouvé nos marques.

Je pense à toutes ces choses en ramant vigoureusement vers le nord. Ce nord qui m'appelle. Je suis heureux, libre.

▲
Pendant l'été, le poisson a constitué l'essentiel de notre alimentation.

L'automne est là, jaune, rouge, lumineux et joyeux.

Les cerfs brament et les ours se gavent de myrtilles.

Nous nous délectons pour notre part de champignons qu'accompagnent quelques morceaux de chevreuil ou de canard. La nature n'est pas ingrate.

Nous nous arrêtons souvent pour discuter avec des pêcheurs, pour manger un poisson avec un trappeur. Dans les villages, nous essayons de réparer notre pauvre barcasse, qui prend de plus en plus l'eau par ses planches trouées, mais rien n'y fait. Les villages ne sont jamais très importants. Cent, deux cents habitants tout au plus qui vivent de la pêche à l'omoul (trop exploitée depuis quelques années) et de la chasse aux phoques (très bien gérée puisque les populations se maintiennent).

Nous avons installé une voile, mais le vent souffle du nord comme pour nous en interdire l'accès. Et lorsqu'il vient du sud, la tempête ne se fait pas longtemps attendre. Il faut alors regagner la rive et attendre que le monstre se calme.

Les croix plantées sur quelques promontoires

rocheux témoignent de la force des tempêtes et de ce qu'il advient des imprudents.

Redoutables tempêtes. On nous l'a répété cent fois et nous ne jouons pas au plus fort, car perdre le jeu, c'est perdre la vie.

Les canards par petites hardes, puis par milliers, quittent le lac pour migrer vers le sud. Les cimes s'habillent de neige, alors que les chiens, dans les villages, perdent leurs poils d'été. À grands pas, l'hiver arrive. Il gèle la nuit et les ours cherchent leur tanière.

Le 4 octobre, nous arrivons à Baïkalsk, à l'extrême nord du lac, après quarante-six jours de navigation.

Dans trois semaines, les chiens arrivent, avec l'hiver.

▲
Nous suivons les détours des berges car, en quelques minutes, une tempête peut se lever. Chaque année, des pêcheurs, même expérimentés, se font piéger.

►►
Le froid apparaît dès l'automne.

Le grand hiver

Ce matin, la petite île d'un demi-hectare où nous nous trouvons depuis une semaine avec nos trente chiens est devenue une terre. Nous sommes maintenant reliés par les glaces aux cinquante mille hectares de marais qui prolongent le lac Baïkal. Le reste du lac, beaucoup plus profond, n'a pas encore gelé.

Les chiens piaffent d'impatience, et cette joie gagne les hommes. Nous décidons de partir aussitôt pour un premier entraînement. Transportés par avion spécial de Paris à Moscou (nous mangeant une part très importante de notre budget calculé au plus juste), puis par un Antonef 26 pour vingt-six heures de voyage de Moscou à Nijnie-Angarsk, et enfin en bateau jusqu'à l'île, les chiens tout autant que les maîtres ont bien mérité leur balade.

Oui, nous avons tous gagné notre place ici, sur la glace bleue du Baïkal, et la joie se lit sur les visages. Tout est en ordre. Dans quelques jours, nous allons pouvoir nous élancer dans l'immensité blanche.

L'appel du Nord.

Il fait – 30 °C lorsque, ce 29 novembre, nous quittons notre île et la cabane avec trois traîneaux et vingt-neuf chiens.

L'Angara est à peine gelée, mais la route est longue, et nous décidons de tenter notre chance, même si nous avons conscience de partir un peu tôt dans la saison.

Alain, qui nous a quittés il y a deux jours, doit déjà être en France. Nous nous retrouverons le 1er mars de l'autre côté des montagnes : sur le fleuve Lena, où les poneys prendront le relais des chiens.

Je me sens seul tout à coup. Si une relation nouvelle

◀◀
À ski ou en raquettes, nous traçons une piste dans la neige profonde pour aider les chiens.

se tisse doucement entre mes nouveaux compagnons, Bruno, Jeannot et moi, je suis loin de ressentir envers l'un ou l'autre l'amitié qu'ils partagent. Quant à Volodia, il existe entre nous des liens solides certes, mais nous ressentons les choses d'une façon très différente. Si le barrage de la langue nous permet malgré tout de nous apprécier, il nous empêche encore d'aller plus loin et de partager. J'ai un peu peur de cette équipe constituée par nécessité de gens qui se connaissent à peine, et qui sont sans doute trop différents.

À l'embouchure de l'Angara, nous traversons un

▼
Derniers préparatifs dans notre cabane avant le grand départ.

magnifique petit village constitué de maisons en bois dont les fenêtres sont peintes de toutes les couleurs comme pour apporter un peu de vie dans cette immense monotonie blanche. C'est dimanche. Tout le monde pêche sur la glace, car le soleil vient de percer et inonde l'Angara de toute sa lumière. Les gamins, yeux ridés et visages bien ronds, le doigt dans la bouche, regardent passer, avec un étonnement non dissimulé, l'étrange serpent de chiens et de bois qui se dérobe devant eux. Nous ne nous arrêtons pas. Il y aurait des bagarres avec les chiens du village.

Atteindre l'ouverture de la petite vallée par laquelle nous espérons gagner le col, puis la rivière Mama, ne nous prend que deux jours. Sur une route de terre tracée le long du chemin de fer, juste assez recouverte de neige bien tassée, nous avançons bien. Les chiens trottent régulièrement et nous courons par moments derrière les traîneaux pour nous réchauffer et encourager les chiens.

La température est belle : – 30 °C. Idéale. Quand la nuit tombe et qu'un croissant de lune apparaît entre deux grands pins, tout est prêt. Une douce chaleur règne dans la tente où les gestes d'autrefois, de précédentes expéditions, de bien d'autres trappeurs et d'Indiens avant nous, retrouvent leur place. Nous sommes heureux. Nous voilà partis, vraiment partis.

◀ Depuis un siècle, rien n'a changé, la tente en toile, le poêle, le sac de couchage en renne, les raquettes… C'est le traditionnel campement des coureurs des bois.

Vers trois heures du matin, ce sont la glace et le givre, qui se sont figés dans ma barbe et sur mon sac de couchage, ainsi que le froid, qui me réveillent. Peu après, j'entends Volodia se lever. La toile de son sac de couchage craque comme une tôle. Il fait froid, très froid : – 50 °C peut-être. Nous l'avions senti venir la veille au soir. Le ciel était d'encre et les étoiles brillaient, lumineuses comme de minuscules diamants de glace incrustés dans le ciel.

Volodia allume le feu et reste longtemps près du poêle en claquant des dents, attendant la chaleur, trop lente à venir.

– Nom de Dieu ! ça caille, se plaint Bruno, qui n'en revient pas encore de constater à quel point la toile de la tente est rigide.

– Saleté ! constate Jeannot, mi-amusé par la découverte des températures basses et des sensations nouvelles que cela procure et mi-effrayé par la perspective de ce long et rude hiver qui nous attend.

– J'ai froid aux pieds, pas toi ? demande Bruno qui a peur d'être le seul.

– Non, moi, c'est les mains, j'arrive pas à me réchauffer les doigts.

Et chacun de gesticuler sur un pied, de bouger un bras et d'approcher du feu à se brûler.

Les fourrures de loup qui protègent nos visages sont tout auréolées de givre blanc qui scintille au soleil. Des glaçons s'accrochent dans les barbes et les cils : il faut les déloger pour éviter qu'ils ne collent les paupières. Il faut les faire fondre entre deux doigts. Doigts qui gèlent et qu'il faut ensuite réchauffer, pendant que les glaçons reviennent sur les cils !

– En fermant bien le capuchon, tu crées un petit espace de chaleur et ça évite au moins aux cils de geler, expliqué-je à Bruno.

– Oui, mais alors, si je ferme et que je cours derrière le traîneau pour réchauffer les pieds, je transpire !

– Ça, c'est le pire, approuvé-je.

– Alors ? me demande Bruno, sceptique.

– Il faut composer. Le froid est comme cela. Un peu plus de couche par-ci, un peu moins par-là, tout cela va se mettre en place. Moi, par exemple, je souffre du visage, très peu des jambes. Je le sais et j'adapte en fonction de ça. Tu vas apprendre à te connaître.

Apprendre à se connaître. Après dix ans de voyage, je poursuis toujours cette quête de simplicité, d'humilité, de tolérance. On y apprend beaucoup de choses. Tellement de choses...

Après maintes palabres qui, à cette température, ont le don d'exaspérer, nous décidons de faire une reconnaissance. Volodia vers le sud, moi vers le nord. (J'ai toujours aimé le nord !) La glace a l'air solide mais, en revanche, je vois de la slutch (mélange de neige et d'eau) un peu partout. En traçant bien au milieu, on devrait pouvoir avancer sur au moins vingt kilomètres avant que la rivière ne devienne trop étroite.

Le soir, nous ne perdons pas une seconde pour monter le camp. L'air est glacial et chacun travaille dans son coin sans dire un mot. Le plus vite possible. Les chiens, aussitôt nourris, se mettent en boule en creusant un peu la neige qui les protège du froid.

Ce soir, nous nous préparons pour les grands froids. Bien installés sur les peaux de renne, isolés de la neige par plusieurs couches de branches de sapin, tout habillés, le capuchon bien serré autour de la tête et doublé d'une belle fourrure de loup, nous nous roulons en boule et le sommeil nous cueille. Nous ne sommes pas seuls. Un loup lance sa longue plainte dans la nuit. J'imagine le bel animal, assis sur un monticule de neige se découpant sous la clarté triste de la lune, la tête en arrière, pousser le cri le plus sauvage de la taïga.

Vers cinq heures, c'est encore le froid qui me tire du sommeil. Toujours lui. C'est l'heure. J'hésite encore cinq minutes à quitter mon nid douillet pour aller allumer le poêle dans l'air glacial. Je passe en revue tout ce que je dois faire pour ne pas perdre de temps. J'attrape mon briquet dans la poche et ouvre mon sac. Comme s'il attendait depuis des heures cet instant, le froid s'engouffre en me mordant la peau. Vite, j'attrape le papier préparé avec les brindilles, dispose le tout dans le poêle et allume. Dans cinq minutes, je pourrai me réchauffer les mains, puis la chaleur viendra.

Je m'installe et prépare le petit déjeuner. Un peu d'eau à chauffer pour le thé et le café, puis le gruau bien épais et sucré pour tenir le ventre jusqu'au soir. Pas un bruit, ni dans la tente silencieuse et endormie, ni dehors où les chiens, habilement roulés, se gardent bien de laisser pénétrer le froid dans leur boule de fourrure. J'aime cette heure calme et paisible. Une heure d'intimité qui, au fil des années, m'est devenue indispensable. Cette heure me réconforte et me repose plus que les trois heures de sommeil.

– C'est prêt !

Il est six heures dix.

▲
Halte dans le campement d'un trappeur. Des heures à échanger nos expériences et quelques rencontres exceptionnelles qui font la force de cette aventure dans la taïga sauvage.

14 décembre.

Nous avons quitté notre île depuis deux semaines. Nous attaquons la lente montée vers le col. Les chiens, en forme, tournent la tête dans tous les sens, humant l'air qui sent bon le gibier. Un lièvre, une gélinotte, un bruit, et c'est le galop. Toute la meute s'y met. Il y a toujours des surprises avec eux !

– C'est ça que j'aime chez les groenlandais, m'explique Jeannot, leur caractère joueur.

Opinion que je partage. Les huskies, malamutes et samoyèdes ont d'autres qualités, les premiers sont souvent plus rapides, les deuxièmes assez costauds, les troisièmes sont plus réguliers, mais ils n'ont pas le comportement des groenlandais, qui rebute d'ailleurs bien des mushers, car il faut les tenir !

Le lendemain, je quitte le camp un peu avant le lever du jour, fusil sur l'épaule, espérant bien, en profitant de la pénombre, surprendre un lièvre sur la piste. Je marche deux heures sans voir un seul animal jusqu'aux trois lacs marquant la ligne de partage des eaux entre le bassin de l'Angara et celui de la Mama. Maintenant, imperceptiblement, nous redescendons, suivant une vieille piste dans une forêt de grands sapins dont les branches, chargées de neige, ploient jusqu'au sol.

Deux cents mètres plus loin, une fumée blanche monte au-dessus des arbres, un chien aboie, et j'aperçois, bien abritée dans la forêt, une merveille de petite cabane en rondins devant laquelle un trappeur me fait signe. J'approche et reconnais Nicolaï, le trappeur que nous avions croisé la veille en montant vers le col. Les

▶ Les trappeurs sibériens vivent dans de petites cabanes, plus faciles et plus rapides à chauffer lorsque l'on rentre le soir d'une marche épuisante dans un froid glacial.

groenlandais de Jeannot avaient bien failli étrangler son chien, mais il n'en garde pas, semble-t-il, un trop mauvais souvenir. Il m'invite à entrer.

– Tchaï, Koupit (le thé est prêt).

Avec des gestes et quelques mots de russe, nous arrivons à discuter de trappe, de chasse, de piste et de rivière. Le même langage.

Une heure plus tard, Jeannot et ses dix fous débouchent au grand galop, puis Bruno arrive, suivi de Volodia. Nicolaï nous propose de passer la nuit chez lui.

– On va faire chauffer le sauna pour ce soir, nous dit-il. Faire cuire un bon morceau de cerf, et Nicolas, si tu veux, je t'emmène sur ma ligne de trappe. J'ai quelques pièges à poser et d'autres à relever.

On ne peut pas rêver meilleur trappeur que Nicolaï. C'est l'archétype du coureur des bois, tel que l'on se l'imagine dans son enfance. Habillé de feutre et de peaux, les yeux bleus dans un visage noir de barbe, la peau tannée par le vent et par le soleil, avec une vieille pétoire sur le dos et son sac de cuir, Nicolaï semble sorti tout droit d'une illustration de l'ancien temps. Il dispose d'une ligne de trappe de cinquante kilomètres de long avec deux cents pièges régulièrement entretenus et relevés. Un travail énorme. Et tout cela pour vingt à trente zibelines qu'il vend à son centre gouvernemental de deux cents à quatre cents roubles pièce, selon la qualité de la fourrure. Les territoires, qui sont aussi grands qu'un département français, sont attribués chaque année par le chef du centre. En automne, Nicolaï chasse le cerf aux brames en soufflant dans une écorce de bouleau, et la zibeline avec un ou deux chiens courants. Plus tard, il chassera le renne dans les montagnes et trappera les zibelines. Une vie en apparence extraordinaire, mais réellement difficile, et qui demande une sacrée dose de courage et de talent.

▲
À – 60 °C, on ne se trompe pas deux fois sur la qualité du bois ; il faut choisir un bel arbre sec sur pied.

Nous attelons les chiens et partons. Les trois traîneaux se suivent. Jeannot, puis Bruno et Volodia. Loin devant, seul, je tasse la neige à l'aide de mes raquettes pour faciliter le travail des chiens et choisir les passages.

À l'aide d'un bâton, je teste la glace, évitant les trous mais aussi les places où la glace sonne creux car déjà, par trois fois, les traîneaux sont passés à travers. Accidents sans gravité, car l'eau n'est pas profonde, mais il faut s'arrêter, pousser, tirer, dégeler les lisses, et nous n'avançons pas. Or, il nous faut être une semaine plus tard à Konkoudera, petite station météorologique installée sur la Mama à cent cinquante kilomètres d'ici. Nous n'avons plus que sept jours de nourriture, et c'est là-bas qu'un hélicoptère a déposé vingt sacs dans l'une des trois cabanes de bois, îlot de vie dans l'immensité désertique.

Enfin une piste de motoneige ! Certes, ensevelie sous quinze centimètres de neige, mais Tinka, la vieille chienne de tête de Bruno, fait des merveilles. Le thermomètre est redescendu à – 45 °C et, ce matin comme hier soir, nous n'avons pas pu élever la température à plus de – 5 à 0 °C dans la tente, tant le bois était mauvais.

– Saleté ! soupire Jeannot, furieux. Je te jure que, la prochaine fois, ça va chauffer.

Le soir, nous n'avons pas atteint Konkoudera. Il reste vingt kilomètres. En revanche, nous avons trouvé une superbe place de camp où se dressent deux grands pins morts sur lesquels Jeannot jette des regards aussi expressifs que ceux de Bruno lorsqu'il découvre dans le sac du jour une mousse au chocolat pour dessert.

En effet, sitôt les chiens attachés, les deux arbres (un seul suffisait largement) tombent dans un grand fracas de branches cassées. Peu après s'amoncellent devant la tente je ne sais combien de billots, que Volodia s'empresse de fendre avec une adresse remarquable.

– Je te jure qu'on n'aura plus jamais froid, affirme Jeannot que le souvenir de cette tente glaciale semble avoir marqué.

À midi, nous n'avons toujours pas atteint Konkoudera. C'est démoralisant.

Le froid est extrême, pénible. Arriver, nous ne pensons qu'à ça, quelle que soit la beauté de ces morceaux de glace dans lesquels le soleil rasant semble jouer. Deux heures plus tard enfin, nous quittons le pack et, tout à coup, les chiens de Jeannot prennent le grand galop.

– Ah ! les salauds ! Regarde, quand ils veulent ! crie Jeannot, ravi.

Les chiens ont aperçu une motoneige non loin des trois bâtisses que nous découvrons enfin. Nous stoppons dans le bois peu avant les cabanes. Le météorologiste et sa femme nous ouvrent leur maison et tout ce qu'ils ont de meilleur termine sur la table autour de laquelle viennent nous rejoindre deux trappeurs. Toute la ville est là !

Les yeux de Bruno, brillants de convoitise, vont du pot de miel jusqu'au pain, puis du lard à l'assiette fumante de laquelle se dégage un délicieux parfum de bouillon de viande et de pommes de terre. La fête.

Nous prenons une journée de repos que chacun utilise à sa manière. Avec Volodia, nous étudions les cartes. La distance qu'il nous reste à parcourir m'inquiète. Nous n'en avons couvert que la moitié, et le plus dur reste à faire.

▲
L'arrivée dans un village, un moment rare et apprécié autant par les hommes que par les chiens.

– Janvier, very cold, répète Volodia.

Pas question de traîner : la nourriture des chiens est calculée au plus juste, et les rares traces de gros gibier que nous croisons ne nous permettent pas de pouvoir compter sur cet éventuel apport de nourriture.

Dès le lendemain matin, nous reprenons donc la route, bien que nous ayons tous souhaité prendre un second jour de repos. Ne serait-ce que pour fêter Noël au chaud, car nous sommes aujourd'hui le 24 décembre. Déjà.

Le départ est difficile, et nous n'arrêtons pas de prendre un dernier thé dans la cabane où règne une si douce chaleur alors qu'il fait tellement froid dehors. Pourtant, il faut y aller ! Witimski, petit village de deux cents habitants où se trouve notre prochain dépôt, est à quatre cents kilomètres d'ici. Quatre cents kilomètres en trois semaines avec un col à mille huit cents mètres pour regagner la rivière Witim.

Nous marchons quatre heures durant. Les traîneaux me rattrapent enfin. Je suis crevé, et chaque pas dans cette neige épaisse d'où il faut s'arracher devient une souffrance. Pour m'aider, lorsque la marche est vraiment pénible, le froid vraiment insupportable, je triche, je m'en vais. Je quitte le nord pour retrouver ma Sologne. Je m'arrête et me concentre. Je suis chez moi, sur le perron de la ferme. Et j'avance. Me voilà déjà sur le chemin de terre qui longe les grands champs de céréales (nous sommes en plein été, forcément). Les hirondelles dansent dans le ciel. Au loin, un couple de colverts piquent vers l'étang. Je suis bien. (Je redresse un peu ma route pour aller frôler la rive droite de la rivière où la neige semble moins épaisse et je perds les traîneaux de vue.) Me voilà presque au bord de l'étang. À droite, la petite mare argileuse, la haie d'aubépines. Au loin, le potager derrière son petit mur de briques. À gauche, la maison où je devine ma grand-mère assise près du fourneau. Devant moi, les grands sapins, trop épais, il faudra en couper quelques-uns : ils cachent le bois de La Limite. Mais l'étang est là, calme et paisible, rassurant. Quelques carpes s'agitent mollement dans l'eau trouble, dos au soleil. Quelques canards, à l'abri sous les saules, cancanent doucement. Un martin-pêcheur, diamant bleu, file entre deux rives. Chaque arbre, chaque mètre carré de terre m'apporte une parcelle de bonheur. Je me souviens de tout. J'aime la forêt, la terre. J'aime passionnément cette terre de Sologne. Je sens dans mes veines couler un sang à l'odeur de chêne et de bruyère. La Sologne est mon sang. Rien ni personne ne pourra jamais m'en séparer.

Mais, en Sologne, je pense à ces terres du Grand Nord qui m'appellent. Alors ! Suis-je jamais heureux ? Toujours ailleurs ?

Non, entre le Grand Nord et la Sologne, j'ai trouvé un équilibre. Mon équilibre.

Et quand je ne serai plus seul ? J'y penserai demain, en marchant dans les bois de Sologne, de l'étang des Chalands jusqu'à l'étang des Ralloys, en passant par la forêt. Ma taïga française.

Pour un soir de Noël, la chance n'est pas avec nous. Pas une place de camp ne s'offre à nous. Finalement, exténué, je déniche un replat sur la rive où nous installons tant bien que mal notre camp de Noël. Joseph ne s'était-il pas contenté d'une petite étable ?

Bruno sort triomphalement un morceau de lard, une plaque de chocolat et une petite fiole de whisky de son sac. Je déniche un saucisson, et ce repas nous semble être le plus beau du monde. Les tranches de lard fumé grillent sur le poêle, alors que Jeannot retrouve des gestes d'antan et pétrit de la pâte à pain.

Noël. J'imagine les rues des villes, éclairées de mille feux, où la joie est partout. J'imagine les tables pleines de

victuailles, les familles qui se réunissent et je pense à la mienne, ému, car je sais que, ce soir, l'on pense à moi quelque part.

C'est une belle soirée, joyeuse. Nous sommes heureux, même si nos pensées s'égarent loin de cette terre glaciale.

– Qu'est-ce que c'est ? demandé-je à Volodia qui, apparemment, préférerait ne pas répondre.

– Un ancien goulag.

– Nom de Dieu !

Nous regardons avec un certain malaise les bâtisses misérables qui se serrent au pied des rochers dans lesquels de larges saignées ont été faites.

– De la pierre à aiguiser, c'est ce que les prisonniers arrachaient à la montagne été comme hiver, soupire Volodia.

Des images viennent et reviennent où se mêle le récit de Nicolas, mon professeur de russe à Paris, qui m'a appris quelques mots et qui a été retenu dans un goulag de Sibérie. Il y est resté trente ans avant de pouvoir s'en s'échapper.

Trente ans.

Nicolas, j'ai pensé à toi. Je me suis senti peu de chose, oui, vraiment tout petit à côté de toi, avec tes yeux si doux, ton courage si grand et ce cœur que tu as su garder pour les autres, malgré ce que tu as vécu.

Nous quittons l'île sur laquelle nous avons établi

◀ Voilà le grand danger de l'hiver en traîneau à chiens : la progression sur des rivières rapides imparfaitement gelées.

notre camp de très bonne heure, espérant être ce soir au bord d'une petite rivière que nous remonterons jusqu'au col, pour redescendre ensuite vers la Witim. Une longue route en perspective.

Au loin, un kabarga traverse la rivière, et je relève dans la neige des empreintes de ses petits sabots pointus. Plus loin, les traces de plusieurs loups coupent sa piste. Les pistes me fascinent. Je pourrais les suivre durant des heures jusqu'à la dernière empreinte, celle où le sabot est encore dedans. J'aime la piste. Je suis un pisteur. C'est exaltant. En comprenant un virage, un arrêt, un écart, on devine l'animal auquel on a affaire : son âge, son sexe, sa façon de faire. On peut vraiment connaître un animal, le reconnaître rien qu'à sa piste, et je pense à ma piste, celle que j'ai tracée durant des années sur des milliers de kilomètres dans le Nord. Piste bizarre qui zigzague dans les coins les plus sauvages, les plus reculés du Grand Nord.

Qui suis-je ? Et je reprends ma piste à l'envers, repasse les cols d'Alaska, des Rocheuses, du Labrador ; je revois les banquises, les déserts de roc et de glace, les sourires et les visages qui apparaissent et disparaissent au rythme saccadé de mes raquettes. Celles-ci tassent la neige, continuant cette piste qui cessera un jour. Je regarde devant et je me demande dans quel pays lointain celle-ci va m'entraîner.

Dans le nord bien sûr, encore au nord, toujours plus au nord.

L'Appel.

Le thermomètre a encore baissé et, lorsque j'essaie de filmer une séquence, la pellicule casse, signe d'un froid

▲
Moment de bonheur intense, seul à des centaines de kilomètres à la ronde : l'arrivée au sommet d'une montagne sans nom.

extrême : – 55 °C au moins. On ne s'habitue pas à ces froids-là, mais, tout de même, nous nous endurcissons et surtout nous apprenons et nous découvrons des tas de petits trucs qui aident. Le froid est comme un chien méchant, un chien plus fort que toi, qu'il faut apprivoiser pour ne pas se faire mordre.

Je comprends mieux maintenant pourquoi, en Sibérie, les trappeurs évitent de courir les bois en janvier, pendant ces terribles semaines où le thermomètre ne monte pas au-dessus de – 50 °C, parfois même reste des mois entiers au-dessous de – 55 °C, comme nous le confirmera plus tard l'étude des relevés météorologiques des années antérieures. L'hiver sibérien n'est pas un mythe. Il est dur. Il écrase le pays sans relâcher son étreinte. Certes, nous commençons à nous y habituer, mais les bêtes ! Tiendront-elles ? N'avons-nous pas surestimé nos forces et l'endurance des chiens pour nous engager sur la piste, alors que l'on nous conseillait d'attendre les premiers jours de février ? Je suis un peu inquiet. Je coupe des arbres pour faciliter le passage des traîneaux dans les virages trop serrés, et cette tâche m'absorbe tout entier.

▲
Un lagopède en plumage d'hiver ; seule la queue reste noire.

Nous sommes le 31 décembre. Ce soir, c'est fête.

Peu à peu, au fur et à mesure que s'accumulent devant la tente des bûches de bois bien sec, le moral revient. Bruno y est pour quelque chose. En effet, il sort de son sac un morceau de lard et un dernier saucisson pour la fête. Chacun y met du sien et, la vodka aidant, le soir, ce sont quatre compères bien gais qui sortent admirer un magnifique halo solaire, alors que Volodia nous offre un petit feu d'artifice.

Et l'équipe de décider d'une seule voix de prendre une journée de repos le lendemain pour fêter l'événement.

La journée est glaciale. Le thermomètre s'approche des – 60 °C et ne remonte guère durant le jour. Il faut redescendre dans la vallée. En gagnant huit cents mètres, nous gagnerons aussi 7 ou 8 °C. Je sors pourtant au lever du jour, bien emmitouflé dans plusieurs épaisseurs de laine pour rechercher des lagopèdes. Après avoir longé le bois, puis traversé le plateau pour gagner le versant ensoleillé, je tombe enfin sur les traces fraîches d'un grand tétras. Je m'enfonce un peu dans le bois sur sa piste. Soudain, un grand fracas d'ailes me fait sursauter, tandis qu'une ombre énorme monte vers un grand pin où elle s'immobilise.

J'avance prudemment, veillant à rester toujours caché par un arbre puis un autre, et arrive enfin à bonne distance de tir. Le beau dindon que voilà !

Je vise soigneusement l'énorme oiseau et appuie sur la queue de détente.

– Clic !

– Nom d'un chien, c'est pas vrai !

Le mécanisme a gelé.

Dépité, je range le fusil et détache Otchoum que j'emmène en balade. Il est fou de joie et galope en aboyant dans la neige qui vole autour de lui. Quelle santé ! Qui aurait dit que ce jeune laïka, qui nous a été donné sur le lac Baïkal alors que nous entraînions les chiens, deviendrait un si bon chien de traîneau, aussi travailleur, aussi obéissant. Il est adorable avec ses petits yeux rieurs et ses oreilles de renard qu'il tourne en tous sens. Je m'attache de plus en plus à ce courageux petit chien.

Le lendemain, peu avant le lever du jour, comme pour me narguer, les lagopèdes caquettent à tue-tête au-dessus du bois. Nous démarrons enfin. La rivière, joueuse et tortueuse, zigzague comme un serpent blanc entre les blocs de rochers avant de s'engager dans une ravine étroite. Puis, elle flâne entre quelques pans de forêt et s'écarte, se resserre et, tout à coup, plonge dans un trou pour ressortir plus large. Trouver un chemin dans un tel capharnaüm de trous d'eau, de glace effondrée, de blocs et de congères n'est pas aisé. Je m'applique, allant et revenant pour chercher le passage. Derrière, le travail des traîneaux n'est pas facile. Ils se bloquent dans les congères, versent dans les pentes en dévers et nous sommes bien obligés de suivre pour éviter la rivière. Mais les chiens se battent courageusement, avec l'air de dire : « Vous inquiétez pas. Vous pouvez compter sur nous. »

À midi, nous avons parcouru moins de six kilomètres.

En fin de journée, alors que, depuis des heures déjà, le soleil n'éclaire même plus le haut des montagnes, nous trouvons enfin une place pour monter notre camp.

La perspective de rentrer dans la tente chauffée, aussitôt le travail terminé, donne des forces. J'aime l'ambiance qui règne dans une tente d'hiver, avec le poêle qui ronfle dans un coin, posé sur deux morceaux de bois vert, les peaux de renne et ces odeurs de sapin qui se mêlent à celles de la cuisine, des hommes et des chiens. Petit îlot de vie, de chaleur, d'odeur dans l'immensité glaciale où même les odeurs ont fui avec l'hiver. J'aime cette lueur vivante que procure l'éclairage à la bougie, cette lueur qui rougit les visages fatigués et se tortille, entraînant dans sa danse les ombres qui semblent jouer sur la toile.

Jeannot et Bruno se sont déchaussés et se font rôtir la plante des pieds contre le poêle.

– C'est bon, soupire Bruno.

Je me déchausse aussi, tenté par la chose, d'autant que, depuis ce matin, j'ai froid aux pieds.

– Merde !

Trois orteils sont blancs comme neige, gelés, glacés.

– Nom de Dieu ! laisse échapper Bruno, qui s'est approché pour voir.

Je pince la peau, enfonce un ongle. Rien. Aucune douleur. Aucune sensibilité. Je sens la chaleur monter à mon visage, quelque chose pesant sur ma poitrine. Perdre des doigts aussi bêtement !

– C'est la raquette, dit Jeannot. Tu as trop serré les liens.

▲ Température extrême, environ – 60 °C pour un passage qui l'est aussi. Même à ces températures, certaines zones des torrents de montagne restent ouvertes. Il faut slalomer et souvent tester la glace.

▲ Petit îlot de vie dans l'immensité glaciale.

– Volodia, qu'en penses-tu ?

– It's bad.

Volodia m'attrape le pied, le colle entre ses genoux et le frictionne avec une grosse chaussette de laine. Le sang revient un peu dans deux des trois orteils gelés. Après un quart d'heure de ce traitement, Volodia me conseille l'eau tiède. Je m'exécute, ne sachant que faire, ignorant ce que cela peut entraîner, n'ayant jamais, dans aucune de mes expéditions, souffert d'engelure aussi sérieuse.

Après tout, un orteil en moins, ce n'est pas une catastrophe. C'est sur cette pensée que je me couche.

La journée suivante s'écoule, chaotique et tumultueuse, à l'image de cette rivière qui nous impose sa loi. La progression est pénible, le froid terrible et, pourtant, nous ne sommes pas insensibles à la beauté de ces lieux, de ce petit canyon oublié du monde où personne ne passe jamais. Il y a quelque chose de tragique dans la lumière gris acier qui coule dans le canyon où les brumes blanches de givre montent doucement vers un ciel d'un bleu profond presque noir.

Jusqu'où pourrons-nous aller dans ce canyon ? Dix fois déjà, j'ai cru que nous étions bloqués, puis, le long d'un rocher ou sur un ridicule petit pont de glace, un passage se faisait jour.

▲ Par – 60° C, ce sont les extrémités qui sont susceptibles de geler en premier. Le choix des gants et des chaussures est donc primordial.

Enfin, vers trois heures, la rivière s'élargit. Le canyon s'ouvre, la glace a repris ses droits et nous filons bon train vers la Witim. Tout à coup, elle apparaît enfin, baignée de lumière. Un superbe cadeau. Féerique, cette arrivée lumineuse sur le grand fleuve. Après une semaine passée dans l'ombre, tous les visages s'éclairent.

La joie déferle sur notre caravane fatiguée comme une vague chaude qui réchauffe même les cœurs.

– Waouh ! crie Bruno.

Volodia lève les bras au ciel et Jeannot courant derrière son traîneau s'arrête enfin en plein soleil. Il est bien. Il ne dit rien. Il garde tout pour lui, et c'est son droit.

– C'est bien, les chiens, c'est très bien !... Et les

chiens plissent les yeux, courbent l'échine pour recevoir le compliment comme une caresse.

Tout le monde est crevé, vidé. Vivement Witimski. Ce petit village, îlot de vie dans l'immensité désertique, nous fait rêver. Des cabanes chaudes, du pain, peut-être même du beurre, puis du repos pour nous et pour les chiens. Espoir couleur de rêve.

Le lendemain, après sept heures pénibles passées sur la rivière balayée par un vent arctique, Witimski apparaît enfin dans une grande courbe de la rivière, comme un port pour les marins que nous sommes et qui errons dans les solitudes de la taïga depuis des semaines. Nous sommes attendus. L'accueil est immédiat, et tout va très vite. Une belle place pour les chiens, deux chambres pour nous dans une grande maison où vivent des petits vieux adorables, puis de la nourriture.

Witimski ! Avant-dernier dépôt avant la Lena, et pourtant nous n'avons parcouru qu'un tiers de la route. Penser à toute cette route qui reste m'épuise. L'équipe s'use. Durant les quatre jours que nous restons là, Jeannot et Bruno vont de leur côté et moi du mien. Je suis seul et je souffre de plus en plus de ma solitude.

Le médecin de Witimski m'a coupé les chairs mortes des trois orteils, m'assurant que je ne perdrais en tout et pour tout qu'un ongle et un peu de chair sur la phalange récalcitrante. Bonne nouvelle.

– Mais gare ! Maintenant, ces trois orteils sont hypersensibles, me traduit Volodia.

Je repars donc, les pieds emmitouflés dans plusieurs

épaisseurs de laine, de feutre et de fourrure. Avec des chapkas, des gants et des chaussettes fourrés, nous quittons Witim équipés pour le mois de janvier glacial.

– On dirait quatre ours, constate Bruno.

– Ours ou pas ours, moi, je veux plus me geler, assure Jeannot.

Nous repartons sur une belle piste vers le col par lequel nous espérons atteindre les sources de la Mama qui se jette dans la Patom, se jetant elle-même dans la Lena. But ultime de cette seconde étape. Si loin.

Cet arrêt nous a fait du bien. Du bien dans le corps et dans la tête. Et le thermomètre s'y met : – 39 °C. Le paradis ! La canicule !

En haut, la vue est superbe, et nous distinguons au loin la Witim encaissée dans les montagnes. Nous les quittons pour d'autres montagnes moins hautes, plus majestueuses et s'ouvrant sur des vallées plus larges.

L'ambiance est bonne mais l'un de nos chiens, Inuk, nous inquiète. Malgré l'arrêt de Witimski, il est très faible et tire par à-coups. Notre nouveau chien, Witim, échangé à un trappeur contre l'une de nos bêtes, fatiguée, semble à son affaire dans cette meute étrangère. Le chien que nous avons laissé sera bien soigné et apportera un peu de sang neuf aux chiens de chasse dressés pour courir après les zibelines dans la neige.

Nous passons un premier col, puis un second. Ici, la neige s'est collée en travers sur les sapins épars tant et si bien qu'ils ressemblent à des cônes de neige, d'où ne s'échappe pas une seule branche, tout au plus quelques formes nous rappelant qu'il s'agit bien de mélèzes. Ravis,

saisis par la beauté du monde, nous glissons silencieusement sur la piste blanche. Puis, nous redescendons vers la Mama.

Le charme est rompu : Bruno s'énerve car, dans la descente, le traîneau se coince dans les arbres qui l'arrêtent dans son élan.

– Kopfertomi nur a mall ! jure Bruno en bon Alsacien qui se respecte. (Intraduisible.)

Les chiens comprennent qu'il ne faut pas plaisanter.

La Mama, la petite Mama apparaît tout à coup en bas de la pente inondée de soleil, tel un grand reptile blanc couché sur la neige dans un profond sommeil.

– C'est beau ! soupire Bruno, dont les colères passent aussi vite qu'elles surviennent.

L'ambiance est bonne, mais superficielle. On sent que tout le monde y met du sien et les signes de politesse exagérée trahissent un malaise que rien ne semble pouvoir guérir.

20 janvier : – 30 °C.

Il neigeote toujours et notre marche d'un jour ressemble à celle d'un autre. Nous progressons lentement. Jeannot et Bruno se relayent en tête tandis que, devant, je tasse la neige de mes larges raquettes. Le silence est immense, laissant passer le moindre souffle, le moindre craquement des cuirs contre le bois des raquettes, les traîneaux qui grincent et travaillent comme un bateau, le halètement des chiens. Tous ces bruits se mêlent et créent un fond sonore qui appartient à ce monde comme lui

◄◄ On relaie le plus souvent possible l'attelage de tête qui creuse une piste dans laquelle les deux autres attelages passent plus facilement.

appartiennent les couleurs et les matières que nous utilisons : le cuir, le bois, les toiles et les fourrures. Plus qu'une éthique, et un désir de se fondre, c'est une nécessité, car, peu à peu, au fil des jours, nous nous apercevons que seules les matières nobles résistent, tiennent chaud et se réparent. Quoi de plus simple que de tailler un montant de traîneau dans un arbre bien droit, de remplacer des lanières de cuir en taillant dans les peaux, de recoudre les toiles ou de remplacer des pièces de fourrure ?

J'ai décidé à mon retour de livrer bataille contre ceux qui traversent ces dernières terres vierges en blessant la nature et les hommes qui y vivent en harmonie. Je livrerai bataille avec mes armes. En montrant à ceux qui ne le savent plus – car les hommes se sont coupés du monde de la nature – combien la terre est belle, combien nous nous devons de la respecter car, comme disent les vieux Indiens, « la terre est notre mère ». La tuer, c'est nous tuer aussi.

Le lendemain, nous repartons, espérant atteindre la Patom en fin d'après-midi, mais la slutch, qui recouvre la rivière par endroits, rompt le rythme. Il faut retourner les traîneaux et casser la glace qui s'est formée. Les chiens renâclent pour repartir. Inuk n'est toujours pas rétabli et continue à nous inquiéter.

– Allez, Inuk, courage !

Il fait toujours aussi gris et aussi bon, entre – 25 °C et – 40 °C, le matin. Nous apprécions cet hiver exceptionnel que nous sommes en train de vivre et nous sommes bien conscients que sans cette chance, jamais nous ne serions arrivés au bout. De la chance ! Ne l'avons-nous pas méritée ?

Mais c'est dur. Nous avançons lentement, péniblement, de quinze kilomètres tout au plus par jour. Parfois, la neige est si épaisse qu'il faut s'y mettre à trois pour faire passer le traîneau. Le soir nous trouve vidés de toute notre énergie et, le matin, tôt, car nous prenons du retard, les forces sont à peine retrouvées.

Jusqu'où irons-nous ainsi ?

▼ L'un de nos chiens aux yeux vairons : une vraie star !

Le Grand Nord ressemble parfois à une mer : les montagnes comme de gigantesques vagues qui se succèdent jusqu'à l'infini, les forêts comme des franges d'écume accrochées aux montagnes, et les marins que nous sommes errant dans l'immensité blanche. Sans fin. Rien ne compte, sinon les kilomètres parcourus, le temps qu'il va faire et quelque chose qui ne vient pas : comme une terre, une piste, un homme ; quelque chose qui romprait cette monotonie des jours.

Enfin, le 25 janvier, nous arrivons à une cabane située dans un élargissement de la rivière. Les montagnes se sont éloignées, cédant la place à un semblant de toundra où quelques rennes invisibles se baladent.

Je me lève avant les premières lueurs de l'aube pour tenter de surprendre un lièvre dans les îles, ou qui sait ? quelques rennes égarés. Mais, décidément, la chance n'est pas avec moi et, deux heures plus tard, je décide de rentrer lorsque j'aperçois, au loin, deux points noirs qui suivent notre piste.

– Deux trappeurs !

Bien installé sur la rive surplombant la piste, je décide de les attendre. Quelle n'est pas ma surprise de voir, lorsqu'ils apparaissent derrière une butte qui me les avait un instant cachés, deux magnifiques loups !

Un mâle énorme, le poitrail puissant avec une crinière de poils épais et bruns aux reflets noirs, puis, derrière, la louve, plus fine, aux poils sombres sur le poitrail et aux teintes rousses vers l'arrière.

Ils arrivent, et je ne perds pas une miette du spectacle, car c'est bien de cela qu'il s'agit. Le plus beau des spectacles. Le mâle, royal, flâne comme un seigneur et s'ébroue tout à coup. Les flocons, chassés par un puissant mouvement, retombent sur le sol en planant, et sa fourrure paraît plus sombre encore. La louve se frotte contre lui, et le mâle, d'un mouvement de tête souple et gracieux, lui hume la truffe comme pour lui dire un mot d'amour. La louve cligne des yeux et ils repartent. Ils avancent sur la piste. Je perçois même le bruit étouffé de leur marche dans la neige.

Qu'est-ce qui me prend tout à coup ? Je ne peux les laisser passer ainsi, et une plainte que je veux la plus douce possible sort de ma bouche.

– Ouuhh !

D'un coup, les loups se sont arrêtés, et ce brusque arrêt me fait sursauter. Le loup a tourné la tête lentement et cette lenteur révélant sa force me fascine. Ses yeux me fixent et semblent se planter dans les miens. Il n'a toujours pas bougé ! Je me mets à parler d'une voix douce, mesurée, et ce flot de paroles comme le chant d'un ruisseau semble l'atteindre. Combien de temps s'écoule ainsi ? Une minute, deux minutes ? Je voudrais que ces minutes durent toujours. Mais, tout à coup, la louve s'écarte. Le mâle marque un temps, puis, tout en se retournant fréquemment, rejoint la rive opposée. Là, il s'arrête, puis disparaît dans l'épaisseur de la taïga. J'ai envie de crier, de hurler de bonheur. Cette rencontre, même si elle doit être unique, justifie à elle seule des mois de marche dans le froid. Elle va me poursuivre durant des jours et des jours, bien longtemps après la fin du voyage.

Oui, j'éprouve le besoin de remercier, car je viens de recevoir un cadeau. Mais qui donc est cette personne que j'ai tant besoin de remercier ?

Le froid revient et la neige est toujours aussi épaisse. Nous avons beau tourner et retourner le problème dans tous les sens, nous ne voyons pas comment avancer plus vite. Je raconte à Jeannot et à Bruno comment nous avions gagné du temps, au Labrador, en lâchant un chien en tête.

– Ça excite les autres, assuré-je.

Et Bruno aussitôt d'essayer avec son excellente chienne de tête, Tinka. Un peu désorientée dans un premier temps, Tinka comprend très vite ce qu'on lui demande. Une demi-heure plus tard, elle « attend » à l'ordre et trace une belle piste que les chiens prennent au grand trot, pleins d'entrain comme pour un nouveau jeu. Une heure plus tard, nous avons pris au moins cinq kilomètres sur les deux autres. Jeannot, qui se lasse d'attendre Volodia, attache son traîneau derrière le sien, place les dix-huit chiens ensemble, et en avant !

Nous n'avons plus un sac de nourriture pour les chiens. Nous distribuons le reste dans un concert d'aboiements. Inuk est au plus mal. Nous le rentrons dans la cabane, mais il n'y a plus rien à faire. Il agonise.

Un peu plus tard, lorsque claque dans le bois la Winchester et que s'achèvent les souffrances d'Inuk, la tristesse gagne toute l'équipe. Petit Inuk, tu as bien mérité le paradis des chiens. Je te souhaite là-haut de courir sur une belle neige fraîche après des milliers de lièvres et de caribous, et de rencontrer une petite chienne aux yeux brillants et enjôleurs.

L'angoisse nous gagne. Vagsouk, Unga, Sargoon présentent les mêmes symptômes : intérieur de la bouche sec et blanc, peau qui tire sur le dos, faiblesse générale. Une maladie ? Nous ne comprenons pas.

L'ambiance se dégrade comme si chacun, à l'approche d'une fin trop souhaitée, relâchait d'un coup un effort trop longtemps soutenu. Pourtant, il reste au moins deux semaines. C'est dur, dur. Nous marchons tels des automates réglés comme à l'usine. Jeannot a raison : départ à huit heures, pause à midi, arrêt à seize heures, puis il faut couper le bois, nourrir et soigner les chiens.

Traîneau, boulot, dodo...

À l'approche de Patom, nous croisons des tas de poneys qui excitent les chiens. Le petit village iakoute tout en bois est magnifique, et nous y goûtons une journée de repos paisible et sympathique. L'accueil est toujours le même. Fabuleux. Pas une maison qui ne nous soit fermée, pas un villageois qui ne veuille nous faire un cadeau. Merci Patom. Demain, nous arriverons à la Lena. La gigantesque et mythique Lena. La Iakoutie. Enfin !

Elle apparaît tout à coup entre les arbres, immense, grandiose, géante. D'instinct, je me retourne vers le seul qui puisse ressentir ce que je ressens en atteignant ce fleuve vers lequel nous nous dirigeons depuis neuf mois. Volodia lève un bras vers le ciel. Nos regards se rencontrent. Émotion.

Une route a été tracée sur la glace de la Lena pour aller de village en village. La seule route au monde qui se paie un revêtement neuf chaque année. Là-dessus, nous allons vite, de village en hameau, quarante kilomètres par jour. Le petit village de Nirukté apparaît enfin. C'est fini.

Dans quelques jours, un Antonef 26 viendra chercher les chiens. Dans une semaine, Jeannot et Bruno seront en France. Je ne repartirai jamais avec eux. J'ai trop souffert. Mais, aujourd'hui, quelque chose existe, quelque chose qui n'a rien à voir avec la haine ou l'amitié. Quelque chose d'indéfinissable qui prend son essence ailleurs. Comme deux arbres d'espèces différentes qui se sont battus pour voir le jour et qui, en atteignant la lumière, se sourient, bien qu'ils se soient blessés à force de vouloir monter ensemble, car c'est la seule solution pour survivre.

▲ D'habitude, nous installons notre campement à l'abri des vents, dans la forêt, sauf lorsque nous sommes certains de la météo. Alors nous profitons d'une vue imprenable sur le grand fleuve immobile.

La route de glace

Le lendemain, Alain arrive. Mon grand costaud. C'est avec une émotion mal dissimulée que nous tombons dans les bras l'un de l'autre. Je crois bien que je verse une larme. Alain ressent tout de suite le malaise qui règne dans l'équipe. Je le saoule d'histoires. Je demande des nouvelles, tentant de combler trois mois de solitude et d'incompréhension.

Le retour des chiens s'organise. Un avion spécial atterrira à Olekminsk et gagnera Moscou après une brève escale à Irkoutsk, puis un camion assurera le transport de Moscou à Paris. C'est Thomas qui a tout organisé. Thomas, le quatrième équipier de cette troisième étape. Thomas, l'un des piliers de la gigantesque organisation qu'a nécessitée cette expédition.

J'embrasse les chiens avec émotion. Les deux gros : mon Torok et mon Toutsaïouk, en leur souhaitant une belle retraite, bien méritée. Puis le gros Nunduk, le beau Inuvik, Chinouk, le plus drôle de tous, et enfin l'intelligente Tinka. On a ses préférences. Quant à mon Otchoum, il reste avec moi, pour toujours. Il est magnifique, Otchoum. Il a grandi, s'est musclé, élargi du poitrail. Alain et Thomas

▶ Tout un système pour harnacher les poneys que Karl, un Iakoute, maîtrise depuis l'enfance.

n'en reviennent pas. Ils ont quitté un chiot et retrouvent un véritable chef de meute ! Otchoum apprend, il sera un jour un chef. Assurément, chef de ma meute. Car, si je sais que je ne repartirai jamais en expédition avec Bruno et Jeannot, je sais aussi que je ne repartirai jamais avec les chiens des autres. Et comme je compte repartir en hiver ... et avec des chiens ...

L'équipe est neuve ! Et quelle équipe ! Ce ne sont que plaisanteries, rires et boutades. Je suis entièrement réconcilié avec l'expédition !

Nous avons un mois à peine pour atteindre le pied des monts de Verkhoïansk où nous attendent les rennes. Avec eux, nous traverserons la grande chaîne de montagnes jusqu'à la Iana que nous descendrons en canot jusqu'à la mer Arctique.

Encore sept mois de voyage et des milliers de kilomètres devant nous. En avant !

▲
Sur la Lena, le vent façonne des congères qu'il est parfois difficile de franchir avec un lourd chargement.

Karl est un Iakoute, un vrai. Trappeur de métier, il connaît aussi bien les poneys que la taïga qui l'a vu naître. C'est lui qui a insisté pour nous accompagner auprès du chef du kolkhoze auquel nous nous sommes adressés pour louer des poneys. J'ai l'impression que nous allons bien nous entendre.

Nous sommes très impressionnés par les poneys. Ils obéissent avec une parfaite exactitude à la moindre pression sur les rênes et peuvent tout exécuter avec une étonnante dextérité. Marche arrière, demi-tour sur place, virage à angle droit... C'est à se demander si, en insistant un peu, nous ne parviendrions pas à leur faire exécuter un saut périlleux avec les traîneaux !

La caravane s'organise et trouve son rythme : quatre kilomètres à l'heure au pas et de sept à dix au trot, en alternance. Karl est monté en selle et marche fièrement en tête. La route est belle, tantôt sur la glace de la Lena, tantôt sur les berges, traversant un bois, une ferme, un champ. La vie. Des hommes. Des villages. Après neuf mois de nomadisme au plus profond de la taïga sauvage, cette étape comble un manque. Le besoin de voir des hommes, leur manière de vivre, peut-être même de percer quelques secrets, de comprendre.

▲
Un cartable en guise de luge, les petits Sibériens savent se contenter de peu.

À Piervy Nierukté, on m'a demandé de raconter mon voyage aux enfants de l'école. Les enfants m'ont posé des questions :

– C'est vrai que c'est toujours l'été en France ?

– Les Français connaissent la Iakoutie ?

– Pourquoi es-tu venu dans notre pays ?

Ils me parlent de leur attachement à la terre, de leurs traditions. Fiers, ils le sont tous. Inquiets aussi, car, dans le ciel de leur avenir, s'amoncellent les nuages. Ce rouble qui ne vaut même pas son poids en papier, ces projets de privatisation de fermes, ces Japonais qui multiplient les joint-ventures dont ils abusent, ces... Français qui rêvent d'un Paris-Dakar en motoneige à travers leur belle taïga... Certains regrettent même l'époque de Brejnev !

Certes, on ne pouvait pas dire ce que l'on pensait, et alors... On avait à manger, les magasins étaient pleins et on était tranquille. Pourtant, ils voudraient croire à cette fameuse perestroïka. Dilemme.

D'Olekminsk, nous repartons à cinq. Deux petits Iakoutes de douze ou treize ans sont montés sur le traîneau d'Alain, qu'ils ne veulent plus quitter, nous assurant qu'ils trouveront au village suivant un véhicule pour rentrer. Soit !

Nous arrivons vers cinq heures en vue du village dans lequel nous avions décidé de faire halte. Le chef nous ouvre la mairie, le poêle chauffe, tiède, ce qui n'est déjà pas si mal. Nos deux Iakoutes, les joues rougies par le grand air, regagnent leur maison avec un livreur d'essence qui daigne les embarquer. Ils vont pouvoir épater les copains car, partout où nous passons, nous sommes les premiers étrangers. Un événement !

Le prochain village est à quatre-vingts kilomètres. Nous partons vers six heures et demie profitant du lever du soleil sur la Lena. Rasant les montagnes, le soleil glisse sur le fleuve, caressant les glaces de ses mains dorées. Le souffle qui s'échappe des naseaux des bêtes se fige aussitôt dans l'air glacé et enveloppe l'attelage d'un nuage de givre blanc qui danse dans la lumière. Otchoum galope sur le fleuve gelé en aboyant de joie.

Rares sont les rencontres. Bien que quelques véhicules empruntent cette route reliant Iakoutsk à

l'ensemble des villages situés sur les bords de la Lena, il n'est pas rare de passer une journée entière sans rencontrer signe de vie. En revanche, lorsqu'un camion apparaît (toujours à quatre roues motrices), l'arrêt et la conversation sont inévitables, sans oublier le traditionnel verre de vodka, voire la bouteille !

Le modernisme tel qu'on l'entend, par exemple, au Canada dans les mêmes régions n'a pas encore touché (saccagé) tous ces villages. L'électricité est fournie par un groupe électrogène, qui fonctionne souvent au petit bonheur la chance. Quant à l'eau, quelle que soit

▲
Une aventure dans l'aventure. Celle de réaliser un film dans des conditions souvent extrêmes, sans aide technique et avec des petits moyens.

l'importance du village (de cinquante à mille habitants, sauf Olekminsk), il faut aller la chercher à la rivière. L'hiver, on gagne du temps en empilant devant la maison des blocs de glace de dix à vingt kilos sciés sur la rivière. Quant aux toilettes, il faut aller dehors sur des trous prévus à cet effet et protégés du vent par une petite cabane. Pour le reste, tout est en bois, en cuir ou en toile, ce qui donne à ces villages un charme unique, qu'il faudrait pouvoir conserver malgré l'apport de certaines facilités.

Ces villages vivent d'élevage de poneys, de vaches et de cochons. Les habitants n'ont pas l'air malheureux. En tout cas, ils sont assurément plus heureux que dans les grandes villes soviétiques d'une tristesse démesurée.

Il est frappant de voir, au fur et à mesure de l'avancement de notre voyage, la colère grandir. « On en a marre », crient en chœur tous les Sibériens (sinon une majorité de Soviétiques). La colère devient tumulte lorsque le rouble se dévalue et que le prix des quelques articles et éléments de base qui se trouvent encore en magasin (pratiquement plus rien !) augmente de 150 %.

« La perestroïka, je lui crache dessus », nous assure un camionneur. Il s'appelle Nicolas et remplit nos tasses de vodka du « pauvre », un mélange d'alcool à quatre-vingt-dix degrés coupé d'eau.

Volodia fait partie de ceux qui, tout en dénonçant sans réserve l'époque de Brejnev, critique avec violence un Gorbatchev qui semble de moins en moins aimé au profit d'un Eltsine dont le nom grandit jusqu'au plus profond de la Sibérie. Quoi qu'il en soit, la situation est catastrophique et, dans ce cas-là, la critique est facile...

Le village suivant est à soixante kilomètres, et les poneys trottent allègrement trois heures durant sur la route de glace. Nous admirons les falaises de plus en plus hautes, rouge et mauve, qui bordent le fleuve. Le vent s'est levé, et par – 38 °C, la bise glacée n'est pas agréable. Bientôt, hommes et poneys sont couverts de givre. Le vent mord la peau et donne envie de mordre en retour.

Ce froid ! Mais quand donc cessera-t-il ? Par moments, la colère me prend. Mon cerveau se rétrécit jusqu'à atteindre la dimension d'une noisette et, avec une ténacité douloureuse, presque méchante, il s'accroche à une seule idée, laissant passer une seule image : le froid. D'ailleurs, on n'a pas froid, on est dans le froid, on tourne là-dedans en cherchant une issue impossible.

En approchant d'Iakoutsk, nous sommes arrêtés par un groupe de journalistes locaux qui nous harcèlent de questions.

– Que pensez-vous de la Iakoutie, de sa situation politique, aimez-vous notre pays ?

Tout en faisant l'éloge du pays et de ses habitants, nous parlons de nos craintes de voir leurs villages si typiques saccagés par un tourisme irraisonné. Nous parlons des menaces qui pèsent sur la faune ; autour de Iakoutsk, le braconnage devient terrible. En effet, nous n'avons pas vu une seule trace d'animaux sauvages depuis une semaine !

– Vivement qu'on retrouve la taïga ! me confie Alain. J'en ai marre des villages, des camions et des réceptions officielles.

Après ce bref passage autour de la capitale, nous n'aspirons plus qu'à une chose : retrouver les pistes sauvages et les montagnes qui se dressent au loin, droit vers le nord.

Les monts de Verkhoïansk. Un mythe.

Karl nous quitte, mais nous récupérons Alain Rastoin. Son départ a quelque chose d'émouvant. Karl a un peu forcé sur la vodka la veille au soir et n'a toujours pas dessaoulé. Il n'en finit pas de nous serrer dans ses bras, de nous faire jurer – plutôt dix fois qu'une – que nous reviendrons le voir et que nous lui écrirons. Nous promettons cent fois et nous tiendrons parole.

Alain Rastoin, c'est autre chose. Un ami de longue date puisque nous nous connaissons depuis dix ans. Nous avons effectué trois expéditions ensemble dans le Grand Nord canadien. Pas très grand mais costaud, Alain est un battant, plein d'humour et sans complexe. Il connaît ses défauts, s'amuse de ses maladresses. Il est incapable de planter un clou ou de faire un nœud, ce qui – au premier abord – intrigue. Alain, qui a lu ses livres, s'est fait une autre image du personnage et reste perplexe.

– C'est pas croyable qu'un type aussi maladroit ait pu faire tant de choses ! s'exclame-t-il en le regardant ficeler son traîneau.

Nous changeons d'attelage. C'est Nikita, un ami de Volodia, qui s'est chargé de le trouver. C'est lui aussi qui s'est occupé du retour de Karl, de l'acheminement d'Alain Rastoin, du dépôt du matériel et de la nourriture.

◀ L'un des grands bonheurs de cette expédition : les rencontres émouvantes avec des peuples fiers, simples et terriblement heureux de faire, enfin, la connaissance d'étrangers.

La température monte brusquement. La neige devient molle et humide dans la forêt. Les traîneaux bloquent. Même en chemise, nous suons à grosses gouttes. Dans les villages, la terre apparaît, la neige fond sur les toits. Les oiseaux reviennent par bandes : des moineaux, des mésanges, quelques pinsons. Nous nous hâtons, l'angoisse au ventre. Le 5 avril, nous avons rendez-vous avec les Évènes qui viendront nous chercher avec les rennes en bas de la montagne, près du village de Batamaï, mais qu'adviendra-t-il si le printemps a un mois d'avance ?

– Je l'avais dit, répète Volodia, on a perdu trop de temps sur cette étape ! Il fallait en sauter un bout !

Alain hausse les épaules. Thomas fronce les sourcils, prenant son air de chien battu, l'air de dire : « On est foutu ! » Alain Rastoin, lui, trouve que vraiment, ça, c'est de l'aventure !

Peter n'est pas un mauvais bougre, il serait même sympathique s'il ne maltraitait pas les poneys comme il le fait. Karl aimait ses poneys. Peter les utilise, n'hésitant pas à leur planter un couteau dans la cuisse lorsqu'ils n'avancent pas !

Nous n'avons parcouru que deux cents kilomètres ensemble en quatre jours, allant de cabane en cabane par des chemins de traverse pour éviter Iakoutsk, mais c'en est assez. Au village suivant, nous nous séparons.

Le chef de ce village, compréhensif bien que communiste – ce qui ne plaît pas beaucoup à Volodia –, accepte de nous prêter six poneys pour atteindre le prochain hameau où nous avons rendez-vous avec les rennes. Un Iakoute nous accompagnera et ramènera les poneys.

Le thermomètre se maintient à – 20 °C. Nous sommes tendus. Quelle que soit la beauté des forêts de bouleaux et de pins que nous traversons, nous ne rêvons que de montagnes et de rennes.

▼
Sergueï, un authentique Iakoute ; pêcheur en été, il trappe en hiver. La taïga n'a plus aucun secret pour lui.

Les nomades
du froid

Suivez cette piste, ils sont dans le bois, vous tomberez sur les tentes, nous dit Sergueï en débarquant avec nos bagages.

En effet, une piste étroite taillée dans la neige profonde s'enfonce au cœur de la taïga. Aussitôt, nous remarquons les traces de rennes, bien visibles dans l'étendue blanche.

– Pas de doute, c'est là ! se réjouit Alain.

Je m'engage sur la piste, le cœur battant. Elle serpente dans les pins pour aboutir à une petite clairière où se dressent deux abris en toile. Un peu plus loin dans le bois, des clochettes tintent joyeusement.

Les rennes.

Deux Évènes sortent des tentes et viennent vers nous. Volodia leur serre chaleureusement la main en nous présentant à tour de rôle. Nous nous approchons des rennes. Avec leurs bois qui n'ont pas encore repoussé à cette époque, on ne peut pas dire qu'ils soient très beaux.

– On dirait des vaches en plus petit, constate Alain.

– Ça n'a pas l'air très intelligent, surenchérit Thomas qu'un renne observe avec un air parfaitement bovin.

Le traîneau d'environ trois mètres de long sur soixante-dix centimètres de large est entièrement chevillé. Les différentes pièces en bois qui le composent, trois planches, deux skis en bois et quelques perches maintenant le tout en place, sont ficelées avec du cuir cru. Nous aurons douze traîneaux et trente rennes. Vingt-quatre rennes pour tirer les traîneaux et six attachés derrière pour remplacer un renne malade si besoin est.

Dans deux jours, nous serons chez eux dans les montagnes, nous nous arrêterons deux jours pour reposer les rennes, pêcher dans un lac afin de faire une provision de poisson et nous partirons vers un col rechercher le grand troupeau dispersé : deux mille rennes !

– C'est bientôt le printemps, traduit Volodia. Ils doivent rassembler les rennes qui se sont éparpillés durant l'hiver, puis séparer du reste du troupeau les femelles qui vont bientôt mettre bas. Ensuite, nous les conduirons vers les alpages d'altitude où ils passeront l'été en allant d'une montagne à l'autre. Une véritable migration que nous accompagnerons.

Alain et moi nous nous regardons, du bonheur plein les yeux. Nous nous imaginons déjà avec le grand troupeau migrant dans les montagnes. Jamais, nous n'aurions espéré pouvoir vivre une aventure d'une telle intensité, d'une telle richesse. Notre enthousiasme déclenche des rires joyeux sous la tente où trône le poêle à bois dissimulé sous trois ou quatre théières brûlantes.

Ambiance identique à celle si souvent rencontrée au Canada dans les campements d'Indiens ou d'Esquimaux. Même façon de s'installer, même matériaux : tente en toile montée avec de jeunes sapins, poêle en tôle, tapis de sol en branches de pin, peaux de renne, théières, quelques sacs traînant dans un coin de la tente et qui contiennent du thé, du sucre et du sel. Même odeur enivrante qu'exhale la sève des jeunes branches fraîchement coupées se mêlant à celle, plus amère, du thé, de la viande posée dans un coin, des peaux humides. Je n'échangerai pas cette chambre contre une suite au Ritz. Pas aujourd'hui.

Karl et Sergueï nous plaisent. Ils sont très fiers, mais pas hautains. Ils apprécient l'humour et en font usage à tout propos, comme si la vie n'était qu'un jeu, comme si les malheurs et les maladresses de l'un étaient faits pour le rire de l'autre. On est frappé par leur équilibre physique et psychique. Des hommes rudes et durs que la nature a façonnés à son image comme les montagnes, toutes semblables, érodées par le vent.

▼
Aucune botte n'est aussi chaude que celles que nous avons fabriquées avec du feutre, doublées, à l'intérieur, de chaussettes en fourrure.

Notre marche est irréelle !

Comme si nous avions quitté le monde pour ailleurs.

Le cliquetis des sabots, les grelots qui tintent joyeusement dans le silence, les traîneaux de bois sur lesquels grincent les cuirs ; tout évoque le père Noël, comme dans un conte.

Peu à peu, nous nous habituons à notre nouveau mode de transport, mais ce n'est pas évident. Il faut veiller sans cesse à l'équilibre, sinon c'est la chute, retardant toute la caravane. Car, même en courant, on ne parvient jamais à rejoindre sa place. Les rennes vont trop vite.

Les Évènes ont peur des loups.

– Ils pourraient attaquer les rennes cette nuit, m'explique Volodia.

Nous avons croisé peu avant l'emplacement de notre camp d'énormes traces de loup. Quatre loups en chasse.

Demain, nous irons pêcher sur la rivière. Les Évènes veulent faire provision de poisson avant de repartir.

Alain jubile.

▲
Dans l'arceau qui sert aussi de pare-chocs au traîneau, la courroie de cuir passe librement, obligeant ainsi les deux rennes couplés à tirer sans jamais ralentir : c'est un système diabolique mais efficace.

Pour pêcher, il faut commencer par creuser pour atteindre l'eau. Plus d'un mètre de glace, qu'il faut casser au moyen d'une grande pique en fer. Quand on arrive au fond, l'eau sous pression jaillit en sifflant. On élargit alors le trou, puis on enlève tous les morceaux de glace qui flottent. On aperçoit enfin, au fond de l'eau transparente, les truites qui nagent mollement au-dessus des cailloux.

Alain fait des merveilles et sort plus de truites à lui tout seul que tous les Évènes réunis. Il a pris du grade. Battre un Évène à la pêche, sur son terrain, c'est comme battre un Sioux à la chasse au bison dans les Grandes

Plaines. Les Évènes sont trois de plus depuis ce matin, venus à notre rencontre avec quarante rennes pour rejoindre avec nous le grand troupeau.

Il a beau faire froid, les premiers signes du printemps apparaissent. Quelques oiseaux sortent : des geais, des mésanges et même un couple de traquets motteux (oiseau assez extraordinaire qui accomplit une migration de plus de vingt mille kilomètres aller-retour). Quelques pinsons du Nord sont là aussi, revêtus de leur riche livrée nuptiale : un orange vif sur le thorax, un magnifique noir lustré sur la tête et sur le dos.

Sur les rivières gelées que nous empruntons pour progresser, de l'eau recouvre la glace par endroits. Parfois, il y a une véritable rivière sur la rivière gelée. Bientôt, les deux se rejoindront quand l'eau aura rongé toute la glace. Tout cassera. Ce sera la débâcle. Et nous ne pourrons plus voyager, car la rivière constitue notre seule route.

– Les Évènes disent qu'il faut se dépêcher, le printemps est en marche, explique Volodia.

Volodia est formidable avec les Évènes, avec les Iakoutes, les gens du pays en général. Et Dieu sait que ce n'est pas facile. Je crois que nous ne saurons jamais à quel point Volodia, dans l'ombre de certaines cabanes, de certains villages, avec Sacha, Vika, Karl et les autres a pu travailler à la réussite de cette expédition.

◀ ▲
Le soir à l'étape, les Évènes posent un filet qui sera récupéré au petit matin, mais l'hiver, les truites se déplacent peu et les prises sont assez maigres.

Le lendemain est consacré à la préparation des traîneaux, à la réparation des harnais et des tentes. Nous travaillons dehors en plein soleil, en chemise, car la température est agréable : – 15 °C. Le printemps.

Nous discutons et rions tout en travaillant avec les Évènes qui semblent apprécier notre simplicité. Un troupeau de rennes, trois cents ou quatre cents bêtes, que nous emmènerons demain, paresse autour de la cabane. Otchoum, habitué, ne les chasse même plus. Il profite lui aussi de la chaude caresse du soleil et s'étire de tout son long en bâillant d'aise.

Nous trottons depuis cinq heures lorsque Valery, le chef du clan, s'arrête, une fois de plus, pour observer la montagne.

– Les rennes sont là ! traduit Volodia, tout excité.

En effet, la montagne bouge ! Dans la forêt, on aperçoit de minuscules taches brunes qui passent entre les arbres. Partout. Aussitôt, trois Évènes sautent sur les selles en s'appuyant sur leur grand bâton et partent au trot vers la montagne. Ces Évènes ont fière allure sur leurs rennes ! Ils ont déjà disparu, encerclant la montagne. On perçoit des cris dans la forêt. Les sons traversent l'air pur, dépouillé, sans rien perdre de sa netteté première.

– Tiiiii, Tiiiii, Tsiiii, Tsiiiiiii…

Cinq cents rennes arrivent bientôt sur nous. Une rumeur sourde mais profonde s'élève. De la fumée blanche enveloppe le troupeau comme un nuage de givre. C'est magnifique.

▲ Au printemps, les traversées de rivières peuvent être dangereuses. Un éclaireur teste le passage. Derrière, un autre veille…

– Grandiose ! s'extasie Alain dont la caméra bloque.

Un Évène s'avance avec un sac de sel que les rennes les moins méfiants viennent lécher.

– Cela fait huit cents rennes avec ceux que nous avons amenés, traduit Volodia. Il en manque encore mille.

Nous repartons. La nuit tombe, mais la lune, pleine, éclaire comme en plein jour. Nous nous frayons un chemin entre les montagnes, traversant un lac, puis suivant le cours d'une petite rivière. Nous avançons avec le bruit de bois et de cuir des traîneaux qui travaillent, le cliquetis

▲
Dans d'immenses corrals en bois, les Évènes effectuent comptages, marquages, tris.

des sabots se mêlant au grincement des patins sur la glace et la neige. Assis tout à fait à l'arrière de la caravane, bien emmitouflé dans ma veste en renne, je jouis du spectacle avec une rare intensité.

C'est ma note blanche, Charlélie.

Ce soir-là, j'ai pensé à toi alors que, peu de temps avant de partir, tu m'avais parlé de la « note bleue », celle que tout musicien espère atteindre un jour. La note parfaite. Un jour, tu l'as atteinte. C'était tellement beau, tellement fort, tellement émouvant que ça t'a fait mal. Tu étais en concert et tu as tourné ta chanson pour revenir sur cette partition, pour retrouver la note bleue, mais jamais tu ne l'as retrouvée. On n'est parfait qu'une seule fois.

Ma note blanche, c'est ce soir, avec les rennes dans l'immensité. Je voudrais que cet instant dure toujours. Je vais rester ici, avec les Évènes et les rennes, dans les montagnes, libre, sauvage, dans la plus parfaite et la plus belle des simplicités.

Nous arrivons vers onze heures du soir au bord d'un immense corral en bois, où s'effectueront le tri et le marquage des rennes avant la migration. Une grande cabane a été montée non loin de là dans laquelle nous nous installons avec les neuf Évènes.

Le troisième jour au soir, Valery est content, le troupeau est rassemblé : mille huit cents rennes. Les mères sont lourdes. La mise bas est pour bientôt. Les bois des mâles, couverts de velours, commencent à repousser. Ils seront prêts, en septembre, pour le rut, les combats pour la conquête des femelles. Puis, les bois retomberont en novembre pour repousser plus hauts, plus grands, plus épais l'année suivante.

Depuis quelques années, l'ordre de la nature est changé. Les Évènes coupent une partie des bois à la repousse, en juin, pour les vendre aux Japonais qui les achètent à prix d'or et les revendent coupés en lamelles comme aphrodisiaque ! Ainsi, chaque année, à la fin du mois de juin, un hélicoptère passe récolter la production. Le chef du village de Sebyan-Kuyel effectue la transaction et partage le produit de la vente entre les différents clans.

Les dollars servent à acquérir des véhicules tout-terrain, à payer des hélicoptères pour les approvisionnements, à obtenir des équipements de première nécessité que l'on ne trouve plus qu'au marché noir. Tels sont les signes d'un prochain changement.

Mille huit cents rennes dans un enclos, cela fait du monde ! Et du bruit !

Alain filme à gogo. La caméra chauffe. Les Évènes ne perdent pas de temps. Depuis six heures ce matin, ils comptabilisent, marquent, trient, attrapent et relâchent, égorgent à l'occasion une belle bête pour la viande.

– L'année est moyenne, explique Volodia, six cent cinquante femelles pleines. L'année dernière, il y en avait sept cent quarante. Les loups ont poursuivi certaines hardes et les femelles ont avorté.

Le soir, vers sept heures, le comptage et le tri des rennes sont enfin terminés. Valery est content.

– Ils ont été vite, grâce à un nouveau système de corral qu'ils ont mis au point cette année, explique Volodia. Nous pourrons partir demain.

Nous serons trente avec deux cent cinquante rennes attelés et mille huit cents qui suivront. De mieux en mieux.

La vallée que nous remontons est somptueuse. Le temps est idéal, une belle température (– 10 °C) avec un soleil magnifique qui coule sur nous et fait briller les crêtes. Otchoum lève des quantités de perdrix blanches qui passent sur la caravane en planant. En milieu d'après-midi, nous quittons la vallée pour remonter un torrent gelé en direction du col.

La nuit tombe. La lune, croissant blanc, éclaire d'une pâle lueur. Otchoum ne court plus. Fatigué, il trotte sagement dans la trace. Pas un bruit, sinon celui des traîneaux qui glissent, celui des sabots qui font « tic tic tic » faiblement et un hibou au loin qui hulule.

Vers une heure du matin, nous arrivons au village de Sebyan-Kuyel. Nous dînons avec Valery, sa femme et ses nombreux enfants (onze !) qui ne s'attendaient pas à le voir si tôt, et nous nous installons dans une cabane mise à notre disposition pour dormir.

La neige a quitté les toits, les rues sont boueuses, de grandes flaques d'eau gelée mais profonde prouvent que le printemps est en marche. Pourtant, il reste quatre cents kilomètres de montagne pour atteindre les sources de la Iana. Et nous sommes déjà fin avril.

– Nous ne pourrons pas continuer avec les traîneaux, me confie Volodia. Tous les Évènes auxquels Valery a exposé notre problème refusent de partir maintenant. C'est le printemps. C'est trop dangereux.

– Et bâter les rennes ?

– C'est trop tôt. On ne peut pas traverser les rivières avant la débâcle. La neige est encore trop profonde, trop collante, trop boueuse par endroits dans la montagne.

Nous sommes depuis quatre jours déjà dans le village de Sebyan-Kuyel, errant dans les rues, discutant ici et là avec des enfants qui jouent dans les flaques d'eau et nous accostent gentiment.

– Franzous ! Franzous ! Chto ti delaiech ? (Qu'est-ce que vous faites ?)

Alain est comme un ours en cage. Il va faire le tour du village – ça prend cinq minutes – rentre, boit un thé, repart et grogne que ça commence vraiment à bien faire.

À sept heures, Volodia, du soleil plein les yeux, revient avec le chef Nicolaï. Un solide Évène d'une cinquantaine d'années, le visage tanné par le vent des montagnes. Un véritable Dersou Ouzala qui respire la forêt.

– Voilà, m'explique Volodia, Nicolaï est prêt à nous emmener chez lui. Ils ont déjà rassemblé leur troupeau et ils partent bientôt, à la fin du mois de mai, pour leur grande migration d'été.

Il nous propose de passer trois semaines chez lui. Nous pourrons l'aider. Les petits rennes vont rentrer et il y aura beaucoup de travail. Ensuite, nous partirons avec lui, la route passe à deux cents kilomètres de la Iana.

Nicolaï sourit et m'explique en russe que son territoire est le plus beau de toute la chaîne.

Le paradis existe. C'est ici, en plein milieu des monts de Verkhoïansk à quatre cents kilomètres à vol d'oiseau du cercle arctique, à des semaines de marche, à des mois de marche d'une route carrossable. Seul lien avec le monde extérieur, Sebyan-Kuyel, le village des Évènes, à deux jours de rennes en passant trois cols.

C'est le territoire de Nicolaï. Il veille sur deux mille rennes qui produisent quelque six cents jeunes par an. Les trois quarts sont acheminés à l'automne vers le

▲ Nicolaï fut, durant de longs mois, mon « Dersou Ouzala ». Entre nous, une rare et profonde amitié est née.

village avant d'être exportés vers Iakoutsk. La vallée où est située sa base est somptueuse, de hautes montagnes recouvertes jusqu'à mi-pente de sapins, striées de rouge, de brun, de noir au gré des rochers qui habillent les cimes de couleur. Partout, on trouve des traces de grands mouflons.

Nous sommes seuls, Alain et moi, pour trois semaines. Volodia a profité de l'hélicoptère ramenant Alain Rastoin vers Iakoutsk pour faire un saut chez lui. Il reviendra avec Karl Gerin et l'un de ses amis, Nicolas Tozi, qui nous accompagnera jusqu'à la Iana.

Nicolaï avait raison. Le travail ne manque pas. Un jour, ce sont les rennes qu'il faut changer de place ; le lendemain, un loup qui a tué trois femelles pleines et qu'il faut pister pour tenter de l'abattre ; un autre jour, un aigle immense qui enlève les petits rennes. Puis, il y a la chasse au mouflon pour la viande, la pêche dans les lacs d'altitude pour les ombles et les truites.

Un jour à dos de renne, le lendemain sur les traîneaux, le surlendemain à pied, sac au dos, nous arpentons les montagnes pour surveiller les jeunes et rassembler le troupeau. Un ours est aperçu sur une crête et c'est la chasse. Un mouflon, et c'est une nouvelle poursuite qui commence. Le soir nous trouve vidés de toute force, les yeux encore pleins de montagne, de rennes et de mouflons.

Avec Nicolaï, au coin du feu – sur lequel grillent quelques morceaux de viande –, nous parlons des heures entières de son pays et du nôtre, évoquant tour à tour l'histoire des Évènes et leur avenir. Nicolaï est un personnage étonnant qui frappe par son bon sens, sa perspicacité et son intelligence. Il voit clair. Tellement clair. Ses yeux se fixent sur la cime d'une montagne, il parle tout en suivant du regard la crête et s'arrête sur une piste qu'il aperçoit tout là-bas. Tout en lui trahit son immense attachement à la terre.

Nicolaï devient grave, une ombre passe sur son visage comme un nuage cachant un instant le soleil dans un ciel bleu. Il a peur de l'avenir. Chaque année maintenant, des Japonais débarquent, achètent des bois de rennes, des défenses de mammouths, échafaudent des projets de développement touristique pour la chasse, la pêche. Vendre les montagnes, acheter ce qu'elles produisent... Les dollars arrivent et, avec eux, les ennuis.

◀ Les femmes, les bébés, les vieux... Tout le monde participe à la grande transhumance d'été.

Bientôt, on demandera aux Évènes de jouer un numéro devant les touristes ébahis. Et ils reviendront en disant que « c'est bien comme sur la brochure ».

– Pourquoi pas le tourisme ? réfléchit Nicolaï, mais par groupes qui viendraient vivre comme nous, qui viendraient apprendre à conduire les rennes.

Nicolaï sait que le développement est inévitable. Nicolaï n'est pas un « sauvage » qui veut vivre reclus dans ses montagnes. Il veut prendre en main son destin. Il ne refuse pas le progrès. Il veut le gérer. Puissent les Évènes, comme les montagnes, à leur image, rester fiers, droits et indestructibles quel que soit l'avenir.

Ce soir, 5 mai, j'ai vingt-neuf ans. Je pense à ma famille, à Diane. Je fais un bilan comme chaque année le même soir. L'année dernière, je préparais mes bagages, aujourd'hui, je vis mon rêve. J'évoque déjà le retour dans quatre mois – c'est presque demain.

Avec ce voyage, j'ai encore creusé le fossé qui me sépare de ceux avec lesquels j'ai grandi, mes cousins, certains de mes amis. Je suis devenu quelqu'un de bizarre, parfois jalousé, souvent marginalisé, écarté. Je suis d'un autre monde, presque un sauvage. Un compliment en quelque sorte, mais tous ne l'entendent pas ainsi. Il y a ceux qui diront fièrement qu'ils me connaissent, qui me demanderont des autographes, qui voudront savoir « si les loups sont méchants » et « si j'ai eu froid en Sibérie ». Je souffre de cette différence, mais je ne peux pas faire semblant. Je ne peux pas écouter le récit des vacances au

Club Med ou la dernière du bébé qui a dit « papa » avec la même attention que lorsque Nicolaï me parle des loups, des montagnes et des mammouths. Ce choix, je l'ai fait. Il faut l'assumer. C'est parfois dur, très dur.

Depuis une semaine, l'hiver hésite, l'été aussi, comme si ni l'un ni l'autre ne pouvait prendre une décision. Un jour, il neige par – 15 °C, le lendemain, l'eau dévale des montagnes et le soleil brûle la peau. Comme un match de ping-pong.

Ping l'hiver !

Pong l'été !

Heureusement, comme pour nous prouver que l'été arrive, les animaux se parent de leurs plus belles couleurs. Les lagopèdes arborent déjà un cou rougeoyant, tandis que les lièvres changent de manteau, s'habillant de brun. La nature dans le Nord a des velléités de caméléon.

Un matin, alors qu'Alain et moi buvons notre café,

◀ Au printemps, les lunettes pour se protéger de la réflexion du soleil sur la neige sont indispensables. Autrefois, les peuples du Nord utilisaient des lunettes en bois, avec une fente permettant de voir.

en écoutant à notre habitude les bruits de la forêt, nous nous dressons aux aguets. Nos regards se croisent. Quelque part, au-dessus des nuages qui, ce matin, emplissent la vallée, nous venons d'entendre les oies.

– Ça y est, les voilà !

Comme un signal.

C'est merveilleux, après un an, d'entendre la musique des oies. On prend soudain conscience de la force de la nature, de son implacable régularité. Pour un peu, nous lancerions nos chapeaux en l'air en criant :

– Salut, les oies ! Salut... bienvenue !

Mais nous restons silencieux. Nous n'avons pas besoin de parler. Alain et moi ressentons la même chose comme deux vieilles oies qui volent depuis longtemps ensemble. Si j'avais l'idée de repartir avec une petite équipe de deux ou trois personnes pour un long et difficile voyage, Alain serait de ceux-là sans aucune hésitation.

Des idées, oui, j'en ai plein la tête. Je partirai avec des chiens dans le Nord, le Grand Nord, l'extrême Nord même, là où la nuit dure six mois. J'irai aussi dans le pays de Dersou Ouzala sur la piste des tigres de Sibérie. Je partirai avec Diane comme un nomade du froid, avec femme et enfants. Mais il y aura toujours ma ferme en Sologne, ma base, mon équilibre. Heureux, je le suis immensément. Il y a plein de ciels bleus dans ma tête.

Le 13 mai, avec quatre jours de retard à cause de la météo, l'hélicoptère qui amène Volodia, Karl et Nicolas arrive enfin, comme une énorme abeille qui, en se posant, chasse de gros nuages de neige. C'est toujours un moment plein d'émotion que l'arrivée d'une équipe, avec les nouvelles fraîches de France, les colis surprises de nourriture, le courrier.

Volodia arbore un grand sourire qui illumine son visage encore brûlé par le soleil des montagnes. Nous tombons dans les bras l'un de l'autre.

– Vous commenciez à me manquer, avoue Volodia, ému et rayonnant.

15 mai.

Il neige comme du coton à gros flocons, épais et lourds. Nous commençons à comprendre le proverbe sibérien : « En Sibérie, l'hiver dure douze mois, le reste c'est l'été. » Mais quand donc en aurons-nous fini avec cette neige, cette blancheur, ce froid ?

– Cette neige retarde le départ, nous explique Nicolaï. Nous monterons dans les alpages lorsqu'il n'y en n'aura plus.

Les petits rennes gambadent un peu partout, et jouent autour de leur mère en bêlant furieusement. Leurs longues pattes comme des échasses de velours partent en tous sens. Ils se roulent dans la neige, se redressent ébouriffés et blancs en se secouant vigoureusement.

La neige a pratiquement disparu. Nicolaï décide de monter. Les préparatifs commencent. Il nous faudra deux jours pour rassembler les rennes, couper leurs bois, qui seront rapatriés par le prochain hélicoptère, fermer la cabane, accrocher dans les arbres tout ce que l'ours pourrait détruire, empaqueter la nourriture et le matériel nécessaire pour seize personnes durant quatre mois. En effet, jusqu'en septembre, Nicolaï et sa famille iront avec leur grand troupeau à travers les montagnes, de place en place. Changeant chaque semaine d'alpage pour fournir aux rennes la meilleure nourriture durant tout l'été.

▲ ▶
Collecte des bois de rennes qui, une fois réduits en poudre, seront vendus aux Japonais qui s'en servent comme aphrodisiaque…

Une première caravane, composée de Nicolaï, ses neveux, son frère, sa femme et ses enfants, quitte le camp, puis, le lendemain, nous prenons le départ avec soixante rennes bâtés. Depuis une semaine, le jour dure vingt-quatre heures et nous n'avons pas à nous soucier du moment du départ, tardif comme toujours.

Vers deux heures du matin après six heures de marche, nous débâtons les rennes pour leur donner un peu de repos avant de passer un haut col enneigé. Le camp est encore à vingt kilomètres. Nicolaï doit déjà y être. Puis nous attaquons le col, cherchant notre route entre les éboulis de roches, les plaques de neige, le torrent et les zones détrempées, c'est-à-dire un mélange d'eau et de neige sur plus de cinquante centimètres d'épaisseur. La progression est lente. Otchoum, le poil imbibé d'eau, fait triste figure, tout comme l'ensemble de la caravane qui avance péniblement avec, pour musique de fond, jurons et bruits d'eau. Les rennes pataugent dans la neige mouillée, comme une crème épaisse et grise qui cache les roches, comme autant de pièges. Un renne tombe, qu'il faut tirer, pousser. Puis un autre, qu'il faut rebâter. Comme il y a un

an, cinq mille kilomètres plus au sud avec les chevaux alors que nous cheminions vers le Baïkal. Un an déjà.

Mais, au col, le spectacle vaut bien tous ces efforts. Il est quatre heures, et le soleil hisse sa grosse tête rouge au-dessus des cimes. La lumière coule sur la toundra et passe comme des coups de pinceau étincelants sur les torrents et les lacs.

– Les tentes sont là-bas, précise Vassili.

En effet, au loin, minuscules points blancs dans l'immensité de l'alpage serti de hautes montagnes, nous discernons les tentes rassemblées au bord du ruisseau.

Lorsque nous arrivons, les enfants accourent joyeusement tandis que les femmes se précipitent vers le feu pour réactiver les flammes et préparer un repas. Nicolaï, ravi, ne tarit pas d'éloges.

– Je vous ai regardé venir. Vous êtes de véritables Évènes.

Et Nicolaï, à son habitude, me serre dans ses bras en me frappant violemment le dos.

– Tchaï koupeit.

C'est la tradition. Dès que l'on arrive quelque part, avant toute chose, même avant de s'occuper des bêtes, il faut boire le thé. Ensuite, on débâte, on libère les rennes et on se retrouve autour d'une table posée à même sur l'herbe pour manger et boire encore du thé, beaucoup de thé, en discutant de montagnes, de rennes, d'ours et de mouflons. Il n'y a pas plus belle salle à manger dans le monde, plus beau décor, plus beau spectacle.

La vie s'écoule paisiblement au rythme de la nature, des rennes et des montagnes. Cela fait déjà dix jours que nous sommes ici au premier camp – il nous faudra le quitter demain pour un second qui nous rapprochera des sources de la Iana.

Le travail ne manque pas. Un jour, il faut partir à la recherche d'une harde égarée, le lendemain redescendre dans la vallée pour chasser un élan. Il y a aussi la pêche aux truites dans les lacs encore gelés, la chasse au lièvre, les dépôts de nourriture que l'on doit effectuer à l'avance pour les prochains camps.

▲
Toutes les semaines, il faut démonter le camp pour le remonter plus loin afin de suivre le troupeau qui va d'un alpage à un autre.

Nicolaï court dans tous les sens, suant à grosses gouttes. C'est le départ vers le second camp. Il faut attraper les rennes qui vont être bâtés (environ vingt), les seller, équilibrer les chargements, les fixer, charger les bébés, que l'on ficelle eux aussi, démonter les tentes, attacher les piquets que l'on emmène d'un camp à l'autre, rattraper un renne qui s'est détaché, chercher une selle que l'on ne retrouve plus, crier, râler, rire, et se moquer par exemple de Nicolas qui s'est fait marcher sur le pied par un poney.

Le camp est en ébullition. Il ne faut pas moins de six heures pour que tout soit prêt et que la longue caravane se mette en route. L'image est sublime. Quatre-vingts rennes chargés de tentes, de poêles à bois, de fusils, de

caisses ou de ballots qui, en une longue procession, s'étirent dans la toundra rouge. De l'allure, Nicolaï n'en manque pas. Royal, il mène la danse en tête, superbe sur son grand renne qu'il monte, droit et fier. Fier, il peut l'être. C'est beau et sauvage. Et je jure que Nicolaï en a conscience. Cette caravane, cette vie d'errance, de nomadisme, cette ivresse de liberté, ce grand troupeau, cette toundra et ces montagnes qui épuisent le regard à force d'immensité sont sa fierté, sa raison de vivre.

▲ Chez les Évènes, l'enfant est roi.

Puissent ses enfants, ses petits-enfants marcher à leur tour en tête de la caravane et du grand troupeau avec la même fierté et le même bonheur. Ce bonheur que procure une vie en équilibre, un cri uniforme à ses traditions, à ses racines. Puissent leurs regards ne pas prendre cette couleur de détresse que l'on perçoit chez les Indiens en mal de vivre, ou chez les Esquimaux sombrant dans l'alcool... Nicolaï le souhaite. Aujourd'hui, il voudrait crier du haut de la montagne pour que sa voix porte au-delà de l'horizon, là où se décide le sort de son peuple menacé.

Un mois déjà que Karl et Nicolas nous ont rejoints. Un mois d'errances avec le vent, le lichen et les lagopèdes qui chantent dans la toundra.

Un an déjà que Volodia et moi avons quitté la frontière mongole. Un an sauvage. C'est ici avec Nicolaï, son clan, son grand troupeau et ses montagnes que nous avons connu notre plus grand bonheur, notre plus belle récompense.

Ce soir, je me suis endormi dans la toundra à quelques kilomètres du campement. J'étais saoul de soleil, écrasé par le poids de l'air chargé de lourdeur. Quand je m'éveillai, je tournai lentement la tête pour voir ce qui se passait autour de moi. Je sentis inconsciemment une présence, et je vis un jeune renard qui m'observait, blotti derrière une pierre. À son attitude, je compris qu'il écoutait, comme s'il attendait que je lui parle. Je n'en fis rien pour prolonger cet instant magique. Peu de choses m'interpellent autant que la rencontre d'un animal sauvage. Ce soir-là, j'ai réfléchi sur la sagesse qui naît de cette formidable intimité avec la nature. Jamais je ne me suis senti aussi bien. J'ai réfléchi au monde dans lequel nous vivons, aux blessures que nous lui infligeons. Quand je marche dans la toundra, quand je rencontre le regard du renard, c'est la fragilité de notre sagesse qui m'atterre. Ce soir-là, en contemplant la toundra, j'ai pensé qu'il n'était pas impossible que l'humanité revienne en arrière pour renouer avec la nature. La sagesse de l'humanité doit sortir de la terre.

Le temps n'existe plus. Je ressens un détachement paisible. Je suis bien. Le pays m'enveloppe comme un vêtement.

Le deuxième camp, à l'image du premier et à l'image de ceux qui suivront, se dresse face aux montagnes. C'est autour d'elles que Nicolaï et son clan, pendant quatre mois, effectueront un grand cercle de six cents kilomètres, toujours au-dessus de la ceinture forestière, dans les alpages de lichen.

Demain, l'hélicoptère vient pour emmener Karl, Alain et Nicolas, qui rentrent en France, et Volodia, qui va passer trois semaines chez lui. Il nous rejoindra aux sources de la Iana avec la dernière équipe. Je reste seul avec Nicolaï qui m'accompagnera jusque là-bas. Il me l'a promis.

– Dans un mois, nous serons à deux cents kilomètres de la Iana, je t'y emmènerai avec les poneys. En marchant douze heures par jour, nous pourrons, toi et moi, couvrir la distance en trois jours. Puis je prendrai un ou deux jours de repos et reviendrai plus calmement en quatre ou cinq jours.

Neuf jours d'absence et quatre cents kilomètres dans les montagnes aller-retour. Faut-il qu'il m'aime bien !

Je suis devenu un Évène, mangeant évène, parlant et pensant évène, ce qui enchante mon professeur Nicolaï.

À dos de poney ou de renne toute la journée, nous nous occupons du troupeau un jour, chassons le mouflon un autre jour. Le soir, nous jouons à des jeux interminables et buvons du thé en racontant des histoires.

– Je connais un endroit, me dit un soir Nicolaï, où il y a quatre mammouths, dont trois porteurs de très grosses défenses, conservées dans la glace. Cent kilos au moins.

Nicolaï les avait trouvés lors d'une expédition de chasse à l'automne. Il ne s'était pas inutilement chargé de ces énormes défenses, préférant rapporter de la viande pour l'hiver.

– Quand tu reviendras, nous irons ensemble là-bas, je te montrerai les mammouths, me promet Nicolaï.

En effet, nous nous sommes promis de nous retrouver l'année prochaine au mois de septembre pour les grandes chasses au mouflon dans les montagnes.

Nicolaï se prépare avec un soin presque maniaque à ce qui semble pour tout le monde une véritable expédition. En effet, jamais Nicolaï ni aucun autre de son clan n'est allé à la Iana. Ce n'est plus leur territoire. C'est comme un autre monde.

– Moi, je suis Évène. Je vis dans les montagnes comme le poisson vit dans l'eau. Que veux-tu que j'aille faire dans la vallée, sans rennes, sans mouflons, sans mes montagnes ?

Mais ce voyage lui plaît, il se trahit en s'y préparant avec cette espèce de joie qui gagne tout le campement.

Tout le clan est là pour le départ, réuni autour des quatre poneys lourdement chargés. Le soleil est au rendez-vous. La température a brusquement changé et la neige fond à une vitesse prodigieuse.

Bientôt, le camp n'est plus qu'une petite tache blanche dans l'alpage immense. Une grosse boule me serre le ventre. Pourquoi faut-il toujours partir ? Que chercher de plus maintenant que ce que j'ai trouvé ? Nicolaï m'a proposé de vivre ici avec son clan. Il me donnerait des poneys, m'aiderait à construire une cabane. J'ai une tente, un poêle à bois, une carabine et une bonne paire de jambes pour courir les montagnes, tout ce qu'il faut.

Otchoum galope joyeusement après les lièvres, qui s'enfuient par groupes de quatre ou cinq. Des oies passent en bandes, nombreuses et bruyantes dans le ciel d'un bleu marine uniforme. Nous suivons une rivière qui plonge dans un lit étroit, puis traversons un marais. Les poneys s'enfoncent jusqu'à mi-cuisses. Nous contournons un grand lac près duquel Nicolaï avait chassé, avec Karl, un élan.

Le soir, nous avons parcouru quatre-vingts kilomètres en onze heures. Nous soignons les chevaux, allumons un feu pour éloigner les moustiques qui nous assaillent par milliers, puis buvons le thé pendant que la viande grille. Nous sommes fatigués. La journée a été longue et dure.

– Demain, ce sera encore pire. Il y aura de plus en plus d'eau, prévient Nicolaï.

En effet, durant dix heures sans autre trêve qu'un thé bu à la hâte, nous progressons à travers marais, forêts et pentes rocailleuses. Au pied d'une colline – les montagnes sont maintenant derrière nous –, nous consultons ma carte. La Iana n'est plus qu'à dix kilomètres.

– Da vaï, allons-y !

Nous arrivons le lendemain vers cinq heures à Suardak. En trois jours, nous avons couvert plus de deux cents kilomètres à travers marais, montagnes et forêts. Les Iakoutes ont peine à le croire.

– Mes poneys sont bons, dit simplement Nicolaï.

Nous traversons le village, et un Iakoute nous indique une place au bord de la Iana. Une tente est là, dressée sur les bords de la rivière où flottent nos embarcations en bois. Totoche me voit arriver sans me reconnaître. En me regardant plus tard dans une glace – la première fois depuis six mois –, je comprends pourquoi.

▼
À dos de renne, les Évènes partent assez souvent chasser les mouflons pour varier un peu une nourriture essentiellement constituée de viande de… renne.

Vers l'océan Arctique

▲
Aux sources de la Iana, derniers arbres avant d'atteindre la zone arctique de toundra.

La Iana vagabonde. Elle se livre à une série de contorsions que rarement rivière semble avoir été capable d'inventer. Elle va, elle vient, elle s'égare, elle revient sur ses pas, elle repart, ondule, sème en cours de route des boucles inachevées et des bras morts. Nous ramons, des heures durant, sur ce serpent liquide qui n'en finit pas de s'enrouler et de se dérouler comme pour se jouer de nous. C'est décourageant.

– Regarde, on a le soleil dans le dos maintenant. C'est pas croyable, grogne Totoche.

En effet, nous revenons vers une montagne, que nous

avions frôlée le matin même après avoir décrit une immense boucle. Et cela dix fois par jour depuis une semaine que nous sommes partis.

Le soleil brille vingt-quatre heures sur vingt-quatre, jouant les trois cent soixante degrés. La chaleur est terrible, insupportable. Elle nous écrase et nous ne pouvons rien faire pour lui échapper. Dans l'ombre, ce sont des milliers de moustiques et de taons qui nous assaillent. Il ne reste que la rivière dans laquelle nous plongeons toutes les heures comme le font les élans pour échapper aux insectes et au soleil. Totoche râle.

– Venir en Sibérie pour crever de chaud comme ça, c'est pas possible !

Richard, plus philosophe, pense que ça ne va pas durer. Jean-Christophe aime l'eau et le soleil. Il est servi.

Volodia, lui, a décroché. Dans la vie d'une expédition comme dans la vie d'un homme, arrive l'heure où les jeux sont faits, où l'on regarde derrière soi avec satisfaction ou regret. L'expédition est terminée. Il ne reste plus que deux mois. Mille kilomètres sur la rivière qui nous conduit inexorablement vers l'Arctique. Quoi qu'il arrive, nous irons au bout. Nous réussirons. Nous le savons tous.

Moi aussi, je décroche. La motivation a disparu et mon cœur reste dans les montagnes, là-haut avec Nicolaï et ses rennes. Le décalage psychologique entre Volodia et moi, puis avec le reste de l'équipe est énorme. Nous arrivons, nous sommes arrivés alors que Totoche, Richard et Jean-Christophe, fraîchement débarqués à Suardak, commencent leur expédition. Celle dont ils ont tellement rêvé, pour laquelle ils se sont longuement préparés. J'essaie de faire bonne figure, de donner l'image d'un homme qui se veut entraînant, motivé. Mais on ne triche pas avec Totoche. Le vieux lascar me connaît trop bien pour que je puisse le bluffer. D'ailleurs, cela l'arrange que je relève la pédale, car, il faut bien le dire, Totoche est un énorme fainéant. Ce qui exaspère Richard, plein d'allant et de bonne volonté.

– Calme-toi. Calme-toi, lui conseille Totoche en bon père de famille, lui assurant que « celui qui commence comme un lion finit toujours comme un con ».

– Moi, je finis toujours très fort, promet Totoche. Au début, il s'agit de s'économiser.

En effet, Totoche s'économise. « Le moins possible, le plus lentement possible » est sa seconde devise. À soixante ans, il faut savoir qu'il est en préretraite depuis trente ans. Trente ans qu'il a passés en forêt ou au bistrot. Trente ans d'histoires, qu'il raconte d'ailleurs à merveille. C'est ce talent de conteur qui vaut à Totoche tous les honneurs. Autour du feu, il ne se fait jamais prier et raconte inlassablement les histoires de son inépuisable répertoire.

– Et en prison, c'était comment ? demande Richard.

Et Totoche raconte une histoire de prison.

– Le pastis, le soir, tu sais comment on le passait ?

Richard ouvre de grands yeux.

– Françoise, ma femme, trempait des serviettes de bain dans une bassine pleine de pastis et, une fois sèches, elle me les apportait avec mon sac de linge. Ni vu ni connu, dès que je voulais un petit jaune, je trempais un bout de ma serviette dans un demi-verre d'eau. Hé, Hé ...

Dans cette équipe, Totoche joue l'ancien. Grâce à son âge, à son poids (il pèse cent cinq kilos). C'est aussi sa troisième grande expédition. Ensemble, nous avons traversé le Labrador en canot et l'Alaska en radeau. Nous évoquons nos souvenirs avec plaisir : un ours sur la berge du Yukon, un village esquimau au Labrador, un rapide, une tempête, un orage. Je suis content de retrouver ce vieux lascar en Sibérie. Une rare complicité nous lie. Mon grand-père. Volodia l'a tout de suite adopté.

Richard par son âge, vingt-sept ans, son physique et son inexpérience, fait figure de moussaillon. Il flotte un peu au milieu de tout ce monde aguerri, expérimenté. Il cherche ses marques, et Totoche s'amuse à les lui cacher lorsqu'il en trouve. Volodia, qui manque d'indulgence, ne l'aide pas non plus. Mais Richard est patient et il tient bon en attendant des jours meilleurs. Il découvre, émerveillé, la splendeur du Grand Nord, la féerie des lumières, l'immensité. Quel contraste avec Jean-Christophe qui joue le vieux baroudeur que plus rien n'émerveille, l'air de dire « j'en ai vu d'autres, mon petit gars ».

Jean-Christophe en voyage est agréable et sans problème. En tout cas, c'est l'image qu'il donne, car on a souvent l'impression qu'il se compose un personnage. À trente-deux ans, il dirige deux petites sociétés en Bretagne et s'échappe dès qu'il peut. Une première fois en Alaska, cette fois-ci en Sibérie. Voilà l'équipe.

Totoche râle parce que Jean-Christophe ronfle ou inversement, alors qu'Otchoum joue la maman avec les deux petites chiennes que nous avons adoptées au dernier village. Il faut le voir couché en boule avec les deux chiots entre les pattes. Il est adorable.

Nous ramons le jour ou la nuit selon l'humeur, dormant sur une plage, dans la forêt ou au pied d'une montagne, toujours à la recherche de l'ombre. Bien que je

souhaite que les équipes changent, l'habitude se prend vite : Totoche, Jean-Christophe et Volodia sur le catamaran, Richard et moi sur le canot. Otchoum et les deux petites chiennes, baptisées Yana et Jana, se tiennent debout sur le catamaran.

Volodia, qui adore bricoler, teste aujourd'hui une nouvelle façon de ramer, copiée sur la barcasse que nous utilisions l'été dernier sur le lac Baïkal. Deux personnes rament à tour de rôle, pendant que la troisième gouverne et se repose. Souvent, nous nous arrêtons pour piquer une tête dans la rivière, faire chauffer un thé, chasser un ou deux lièvres.

Entre Suardak et Dugalahrk, nous ne rencontrons pas âme qui vive. Des lièvres et des canards, c'est tout. Dans les courbes, là où l'eau ronge les berges, la glace apparaît, épaisse et luisante.

– Si simplement j'avais du pastis, regrette Totoche. Tu te rends compte, un jaune avec un glaçon de trente mille ans !

En effet, sous une mince couche de terre que l'été éphémère réchauffe, il y a la glace en permanence sur cent mètres et plus. Là sont conservées des dizaines de milliers d'années d'histoire : mammouths, bisons, et autres espèces disparues. Volodia nous apprend, à notre consternation, qu'à deux cents kilomètres de la Iana, on a découvert une rivière polluée par des centaines, voire des milliers de corps humains. Un goulag était installé non loin de cette rivière parallèle à la Iana. Il y en a des dizaines le long de chacune des rivières de l'Arctique. On ensevelissait les corps dans un gigantesque trou et on les recouvrait au fur et à mesure. L'année dernière, les eaux de la rivière ont creusé les berges et attaqué la glace qui renfermait les cadavres. Ils sont tombés un à un dans la rivière, qui s'est mise à charrier ces corps gonflés et pourris comme elle charrie les arbres morts au printemps.

◄ ▼
Malgré le courant, et souvent en raison du vent contraire, il faut ramer des heures durant, pour avancer de 20 à 40 km par jour.

Volodia est meurtri quand il nous raconte l'histoire de son pays. Il crache sur le sol en serrant les poings.

Au-delà du cercle polaire arctique, comme pour répondre à l'espoir que ce trait symbolique sur la carte avait fait naître, la chaleur tombe d'un coup. Nous passons chandails et vestes, et ramons contre le vent du nord qui lève des vagues sur une rivière de plus en plus large. Mais, deux jours plus tard, la chaleur revient en force et, avec elle, des milliers de moustiques et de taons qui nous harcèlent. Otchoum creuse des trous pour chercher la fraîcheur et échapper aux insectes. Le matin, il sort de son trou, couvert de terre, qu'il chasse en se secouant énergiquement. Yana et Jana grandissent à vue d'œil. Elles jouent toute la journée, se chamaillent, se poursuivent et s'envoient rouler dans la terre en jappant. Yana sera la chienne de tête de l'attelage que Volodia espère constituer. Jana sera la fiancée d'Otchoum. Il est question que tout ce petit monde se retrouve quelque part dans le Nord pour une nouvelle expédition…

Volodia et moi devenons très proches l'un de l'autre. Nous parlons de toutes sortes de sujets que jamais nous n'aurions pu imaginer pouvoir aborder ensemble. Surtout, nous ébauchons des projets communs pour nous prouver que ce n'est pas fini. J'aime cette amitié solide qui s'est construite peu à peu comme un bâtiment, avec des pierres énormes, lentes à déplacer, mais que rien ne semble pouvoir jamais détruire. Nous restons de longues heures autour du feu évoquant aussi le passé, revenant souvent sur cette étape si difficile avec les chiens et tout ce que nous avons ressenti durant ces quatorze mois de vie commune. Volodia me confesse quelque chose qui me touche au plus profond du cœur.

– Tu sais, Nicolas, avant cette expédition, je voulais, comme beaucoup des miens, fuir mon pays. Mais, grâce à toi, j'ai pris conscience de sa grandeur, de sa beauté. J'ai appris à aimer ce qu'il y avait de bon en lui. Je veux te remercier pour cela.

J'en ai les larmes aux yeux.

Le 1er août, nous arrivons à Batagaï, capitale de cette région. Ses six mille habitants vivent, pour la plupart, des mines d'or et de cuivre qui fonctionnent encore dans l'arrière-pays. C'est ici le record mondial de l'amplitude thermique avec près de – 72 °C l'hiver et + 45 °C l'été. Les maisons de bois ont été construites en conséquence. Elles isolent du froid l'hiver – qui dure dix ou onze mois – et protègent de la chaleur l'été – qui parfois ne dure que trois ou quatre semaines.

La rivière s'élargit encore. Nous croisons chaque jour des bateaux de pêche ou de transport. Les drapeaux soviétiques et français qui flottent côte à côte sur le catamaran ont un succès fou. On s'arrête pour nous donner un poisson, une bouteille de lait frais, du pain.

Après Verkhoïansk, deux mille habitants, c'est de nouveau le vide. Personne durant des jours. Nous ramons silencieusement. À part les rencontres, qui se font maintenant rares, la rivière n'est pas passionnante. Peu

▲ Chaque été, la rivière creuse les berges, découvrant des squelettes de mammouths conservés dans le permafrost.

d'animaux, sinon quelques lièvres, un paysage morne et plat et une navigation sans intérêt et sans réelle difficulté. Seulement des kilomètres et le vent du nord de plus en plus présent.

Plus que six cents kilomètres... Cinq cents... Quatre cents... À raison de trente kilomètres par jour. Ramer, ramer...

Avec août, l'été cède peu à peu la place à l'automne.

– C'est pas trop tôt, soupire Totoche. On se croyait en Afrique.

La rivière, joueuse, refuse toujours d'aller droit vers

le nord et s'enroule, se déroule dans la toundra sans arbres qui succède à la taïga.

À deux cents kilomètres de la mer, le 20 août, nous atteignons Kazachié, petit village esquimau où Amundsen aurait embarqué des chiens pour l'une de ses expéditions dans l'Antarctique. Ces Inuit vivent de l'élevage de rennes. Ils sont Esquimaux du renne comme d'autres sont Esquimaux du phoque.

Nous visitons le magasin du village. Une grotte creusée dans le permafrost où s'entassent des tonnes de poissons : saumons, brochets, truites. S'y trouvent aussi une centaine de carcasses de rennes, posées les unes sur les autres à même le sol, dans ces pièces aux murs de terre blanchis par le givre qui brille. Il y fait – 35 °C, hiver comme été, et c'est l'un des rares congélateurs qui ne risquent pas de tomber en panne.

Le village nous fait fête. Le chef du village a même passé une cravate pour la circonstance et pour les photos d'usage. Des hordes d'enfants nous escortent au moment du départ. Nous quittons Kazachié sous la pluie, alors que le vent du nord, comme pour nous interdire l'accès à la mer Arctique, continue de nous repousser vers le sud.

L'écart se creuse entre le canot sur lequel Richard et moi ramons vigoureusement des heures durant, sans faiblir, et le catamaran sur lequel, il faut bien le dire, l'équipe Totoche, Jean-Christophe et Volodia « n'en fout pas une ». Tant et si bien qu'en ce 19 août, nous ne nous étonnons pas, de la plage où nous avons allumé un feu pour le thé, de voir le catamaran arriver avec une heure trente de retard. En revanche, nous nous étonnons d'apercevoir, sur les perches en bois disposées en croix par Volodia pour y accrocher sa moustiquaire, le drapeau français flotter seul.

– Qu'est-ce qui se passe ?

Il faut voir la tête de Volodia. Quelle dispute a bien pu provoquer un tel changement dans son attitude ? Volodia s'approche de moi en fronçant les sourcils, les larmes aux yeux.

– C'est fini, Nicolas. Cette fois-ci, le pays est foutu.

Sans m'en dire plus, il se sert une tasse de thé, les yeux ailleurs, la mort dans l'âme. Mon étonnement, ainsi que celui de Richard, est à son comble.

– Mais bon Dieu, que se passe-t-il ?

Totoche m'explique qu'un pêcheur leur a raconté que, durant la nuit, un coup d'État, fomenté par les forces armées et le KGB, avait eu lieu. Gorbatchev, retenu dans sa datcha où il prenait une semaine de vacances, était donné pour malade et un gouvernement, dirigé par un certain Ianaev, avait pris les pleins pouvoirs pour six mois.

▶ Un Iakoute regarde l'itinéraire de notre expédition qui s'achèvera dans quelques jours après un an et demi d'aventure, d'efforts et de bonheur…

Incroyable. Les bras m'en tombent.

– Ils sont foutus, affirme Totoche. Avec le KGB, l'armée et toute la canaille communiste qui suit, c'est foutu.

Volodia se retourne.

– Je ne viendrai jamais en France. C'est fini. Tout va redevenir comme avant. Les frontières vont fermer à nouveau. C'est fini.

Volodia est au fond. Totoche, assez pessimiste de nature, nous voit bloqués en Sibérie pour deux mois.

Je ne crois pas un seul instant à la réussite de ce putsch. La perestroïka a été trop loin. On ne peut pas ainsi revenir en arrière.

Que faire ? Tout devient tellement dérisoire. Nous consultons les cartes. À trente kilomètres d'ici se trouve une station météorologique.

– De là, on devrait pouvoir obtenir des nouvelles.

Da vaï, ramons !

◀ La banique est une sorte de galette avec de la farine, du sucre et de la graisse mélangés.

▼ En été, impossible de dormir sans moustiquaire.

À la station, il y a même un téléviseur pour meubler la solitude de ces quatre scientifiques en mission ici. Nous regardons la conférence de presse donnée par le nouveau gouvernement, aligné derrière une table comme une bande de marionnettes déréglées. Le lendemain, nous apprenons que, avec Eltsine à sa tête, le peuple se soulève. Volodia reste sceptique.

– Écoute, Nicolas, je reste encore deux jours ici, et puis je pars. Ma place est à Moscou, j'irai me battre si le peuple réagit.

– J'irai avec toi.

Le vent s'est levé sur la toundra désertique où il ne rencontre aucun obstacle. Ma décision est prise. J'irai me battre. Ce sera ma façon de rendre à ce pays tout ce qu'il m'a donné durant ces quinze mois.

Il est deux heures du matin lorsque Volodia vient me tirer du lit complètement excité, fou de joie, des larmes de joie dans les yeux.

– Viens voir, Nicolas, viens voir !

Je bondis devant le poste de télévision. Moscou est en fête. Des jeunes gens hurlent leur bonheur debout sur les tanks. Gorbatchev rentre. Le putsch est fini. Je regarde Volodia et nous tombons dans les bras l'un de l'autre, incapables de retenir notre émotion.

La mer des Laptev. L'océan Arctique n'est plus loin.

Le 2 septembre, après neuf heures de rame ininterrompues, nous arrivons enfin en vue de Nizniansk, un ancien petit village de pêcheurs transformé en port et sur lequel s'arrêtent les bateaux qui sillonnent la mer Arctique en été. Deux cents ou trois cents personnes nous attendent, prévenues par ceux que nous avons croisés ces derniers jours. Les bateaux sonnent de toutes leurs sirènes. Des enfants agitent les bras. C'est bientôt fini. Demain, nous ramerons dans les eaux salées de l'Arctique.

Il n'y a pas de fin lorsque l'on arrive dans une mer. Pas d'horizon, car le bleu du ciel se mêle à celui de l'eau. Pas de ligne d'arrivée. Rien, sinon le silence que seul trouble le bateau qui nous accompagne depuis Nizniansk où il nous ramènera ce soir. Nous nous éloignons du bateau, qui coupe le moteur. Quelques oies volent au loin, frôlant les flots.

Je croise le regard de Volodia et nous nous sourions, très émus.

Nous restons là, longtemps, immobiles, les yeux posés sur la mer.